엑소 플라네타

# EXO PLANETA

# EXO PLANETA

엑소 플라네타

문화 레전드
시리즈
01

친황하는 아이돌 행성 탐사

글 김소주
그림 찬소장

이야기공작소

# Idol EXO

아이돌 EXO

EXO DE,
EXO PLANETA

EXO QUIZ 1.

〈EXODUS〉 Pathcode 영상 속 멤버와 장소가

잘못 짝지어진 것은?


1. Barcelona - CHANYEOL

2. Almaty - CHEN

3. Berlin - XIUMIN

4. Yunnan - LAY


# 메칸더브이_찬열

EXO QUIZ 2.

다음 중 EXO에서 탈퇴한 멤버는?


1. BAEKHYUN

2. D.O.

3. TAO

4. XIUMIN


철수23호_타오

chapter 1

# Author's
# note

그레이트마징가_세훈

## 도대체 EXO가 뭐기에?!

2013년 가을은 EXO의 〈으르렁〉과 tvN 드라마 〈응답하라 1994〉의 열풍으로 기억된다. 필자는 〈응답하라 1994〉를 챙겨보며 90년대의 추억과 청춘의 설렘을 되새김질하던 바로 그 '응사 세대'이다. 현재 30대에 포진해 있는 이들은 어린 시절 즐기던 놀이나 취미, 문화를 찾아서 즐기는 데 여전히 적극적인 성향을 보인다. 피규어를 모으고 레고 등의 장난감을 구매하며 키덜트라 불리기도 한다. 한편 영화나 콘서트, 뮤지컬 관람 등의 문화 상품에도 적극적인 소비층이다. 이들은 〈응답하라 1994〉 같은 드라마에 열광하며, 여전히 이승환의 콘서트를 보러 다니고 god(지오디)를 재결성하게도 만든다. 바로 이 '응사 세대'의 언니들이 국내 가요계에 열성적인 팬덤 문화를 열었던 첫 세대라 할 수 있다. 고백하자면 필자 또한 청소년기에 당시 엄청난 팬덤으로 사회적 신드롬이었던 서태지를 좋아해서 그 유명한 연희동 집 앞에 찾아간 적이 있었던 원조 '빠순이' 중 하나였다. 그런데 바로 원조 빠순이들인 필자 주변의 30대 여성들이 EXO에 반응을 하기 시작했다. EXO는 '응사 세대'의 언니들까지 소환하기에 이른 것이다. 왜 EXO, EXO 하는

## 거지? 10대, 20대를 넘어 30대까지?!

필자가 EXO를 처음 안 건 2013년 가을 무렵이었다. 〈으르렁〉이 막 히트를 치고 난 후이니 조금은 때늦은 시기였던 것이다. 어딜 가나 흘러나오던 노래인 〈으르렁〉을 들으면서도 그걸 부른 가수가 누군지도 몰랐을 정도로 가요나 아이돌에 대해서 별다른 관심이 없었다. TV에 쏟아져 나오는 수많은 아이돌들에 대해서도 현기증을 느끼며 누가 누군지 모르는, 아이돌 문화와는 적당히 담을 쌓고 살던 상태였다. 나름의 생활 패턴을 갖고 이런저런 일들에 치여 살다 보니 자연스레 최신 가요와는 동떨어진 '어른' 중 하나가 되어가던 중이었다. 그런데 아는 지인 한 분이 EXO의 〈으르렁〉을 들어보았냐며, 최근 들어본 가요 중에 최고라고 칭찬하는 것도 모자라 열정적인 추천을 하는 것이 아닌가. 노래뿐만 아니라 무대에서의 퍼포먼스와 비주얼을 꼭 같이 봐야 곡의 완성도를 느낄 수 있다는 말도 함께였다. 그분 또한 아이돌과는 거리가 멀어 보이는 30대 중반의 여성으로, 대학 교수라는 무게감 있는 직업을 가진 데다 전공 분야도 대중문화와는 상관없는 쪽이다. 필자는 그때서야 비로소 EXO라는 아이돌의 존재를 인식하게 된다. 그 무렵 필자의 또 다른 지인 한 분도 EXO에 대해 이야기하기 시작했다. 그 지인 또한 회사원인 30대 여성으로 필자와 같은 세대다. 도대체 EXO가 뭐기에?!

2013년을 화려하게 장식한 EXO 열풍은 해를 넘겨서도 계속 이어진다. 명동 거리를 지나다가 화장품 매장의 광고 사진 속 모델로 EXO를 보고 다시 한 번 그들의 존재를 인식했다. 중국인이나 일본인 등 외국 관광객들이 많이 찾는 명동에는 한류 스타들을 모델로 기용한 광고가 많이 눈에 띄고, 특히 화장품 브랜드의 매장들이 경쟁적으로 그런 편인데 EXO가 그중 하나로 자리매김한 모양이었다. 알고 보니 중국을 비롯한 해외에서의 엄청난 인기로 글로벌한 '사생팬' 논란의 중심에 서 있는 아이돌도 바로 EXO였다. '사생팬'이란 열성팬들 중에서도 스타의 사생활을 쫓는 팬들이라 하여 붙여진 이름이며, 도를 넘는 행각으로 부정적 의미가 따라붙는다. EXO는 중국에서 머물던 호텔 등지에서 사생팬들이 찍은 사진들이 유포되기도 하는 등 몸살을 앓고 있었다. 명실공히 최고의 한류 아이돌로 우뚝 선 EXO는 사생팬들까지 국경을 넘었다. 다시 한 번 EXO가 뭐기에?!

S.M이 내놓은 팬덤형 아이돌의 대표주자, 어딜 가나 빠순이들을 몰고 다니며 다양한 화젯거리를 낳는 EXO. 보이그룹은 특성상 대중보다는 소녀들의 팬덤을 공략하는 편이지만, EXO의 팬덤은 소녀뿐만 아니라 2, 30대의 누나들도 끌어들이고 한국을 넘어 중국과 유럽 등 전 세계로 확산되었다. 막연히 인기가 대단한가 보다 라고 여기며 넘어가기에는 뭔가 마음에 걸리는 구석이 있었다. 필자는 영상 분야에서 십여 년 동안 콘텐츠를 기획하고 생산하고 있는 터라, 이 'EXO 현상'에는 트렌드를 대변하는 뭔가가 있으며 그것을 읽지 않으면 안 될 것 같은 위기감이 강하게 들었다. 잘 모르겠는데 뭔가 새롭고, 외계나 다른 세계의 이야기 같은

데 모르고 살면 안 될 것 같은 느낌. EXO에 열광하는 이 새로운 세대와 소통하기 위해서라도 EXO를 알지 않으면 안 되겠다는 생각이 필자를 잡아끌었다. 초등학생부터 10대 청소년, 20대를 아우르는 젊고 새로운 세대가 몰고 온 변화의 중심에 EXO가 있는 것이었다. 분명 이전과는 다른, 새로운 현상으로 보였기에 콘텐츠를 기획하는 사람의 입장에서 마음이 동했다. 그러던 차에 마침 스토리텔링콘텐츠연구소의 〈문화 레전드〉 시리즈 제안이 있었고, EXO를 한번 제대로 탐구해보자는 생각으로 이 책을 쓰게 된 것이다.

EXO의 등장은 기획부터 차별화된 새롭고 거대한 흐름의 변화로 보인다. 많은 멤버 수, 한국인과 중국인으로 이루어진 다국적 멤버 구성, 그룹의 분리와 합체, 멤버들의 판타지적인 캐릭터 설정 등이 초반에는 다소 어리둥절한 느낌을 주는데, 과연 이러한 기획이 어찌하여 대중에게 먹힌 것인지부터 궁금했다. 초반에는 SM의 신인 보이그룹 정도로 주목을 받았고, 1년 정도의 공백기를 거쳐 내놓은 〈으르렁〉이 대중의 귀와 눈에 꽂히며 대중적 인기를 얻고 팬덤은 확산되기에 이른다. 유난히도 눈에 띄는 팬들의 행동과 침체된 음반시장에서 100만 장 넘는 폭발적인 판매고를 기록하는 이들의 인기에는 어떤 이유들이 있을까? 팬들은 과연 어떤 마음으로 EXO라는 문화 상품을 즐기고 소비할까? 이런 의문들은 그들을 둘러싼 각종 사건과 에피소드를 짚어보며 차근차근 풀어볼 것이다. EXO를 이야기함에 빼놓을 수 없는 한 축은 SM 엔터테인먼트라는 회사의 기획력이다. 그렇다면 SM은 어떻게 EXO라는 그룹을 만들어서 세상에 내놓게 되었나, 어떻게 아이돌 팬들의 마음을 공략했나 하는 점도 살펴볼 것이다. 또한 중국인 멤버의 잇따른 소송과 탈퇴로 홍역을 치른 사건과 이를 둘러싼 배경도 살펴볼 것이다

필자도 처음에는 EXO라는 아이돌이 막연하고 생소했고 어떤 로고타입 디자인처럼, 혹은 여러 캐릭터들이 들어있는 장난감 상자처럼 다가왔다. 그러나 책을 쓰는 과정에서 그들을 둘러싼 안팎을 다각도로 살펴보니, 각각의 멤버들이 하나하나의 사람으로 보이기 시작했다. 그리고 현상을 분석하고 이해하는 것에 그치지 않고, 그들을 사람으로 아티스트로 좋아하게 되었다. 이 책을 보는 독자들도 아마 필자와 비슷한 과정을 겪지 않을까 한다. 책을 준비하면서 행성을 탐사하듯 EXO와 그 팬덤에 뒤늦게 뛰어들었는데, 이 과정에서 많은 정보를 제공하고 구성에 도움을 준 EXO의 골수팬 김혜경 양에게 특별한 감사를 전한다. 책을 제안해 준 스토리텔링콘텐츠연구소와 책이 나오기까지의 과정을 진행한 김형욱 씨에게도 감사드린다.

콘텐츠 기획이나 트렌드와 문화 현상에 관심 있는 분들, 마케팅 관련 종사자들, 단순히 EXO라는 아이돌이 궁금한 분들에게도 유용한 책이 되길 바란다, 적어도 이 책 한 권으로 EXO에 대해서 확실히 마스터했다는 기분을 주고자 한다. EXO를 알고 싶다면 이 책을 펼치시길!

# EXO

2012년~/SM 엔터테인먼트/남성 12인조

멤    버 : 찬열, 백현, 디오, 카이, 수호, 세훈

　　　　첸, 시우민, 레이, 크리스(탈퇴), 루한(탈퇴), 타오(탈퇴)

앨    범 : – 미니 앨범 〈MAMA〉 2012년

　　　　– 정규 1집 〈XOXO〉 2013년

　　　　– 정규 1집 리패키지 앨범 〈XOXO Repackage〉 2013년

　　　　– 스페셜 앨범 〈12월의 기적〉 2013년

　　　　– 미니 앨범 〈중독〉 2014년

　　　　– 라이브 앨범 〈EXOLOGY CHAPTER 1: THE LOST PLANET〉 2014년

　　　　– 정규 2집 〈EXODUS〉 2015년

　　　　– 정규 2집 리패키지 앨범 〈LOVE ME RIGHT〉 2015년

대표곡 : 〈으르렁〉 〈중독〉 〈CALL ME BABY〉 〈LOVE ME RIGHT〉 등

# chapitres 목차

chapter 1. 작가의 말    10

chapter 2. 비밀병기, EXO

밖에서 본 SM 기지    28

'소년천지' 데뷔설?    31

전무후무했던 100일간의 프로모션    34

chapter 3. EXO planet에서 온 초능력자들

  – 카이 : 빌리 엘리엇을 꿈꾸던 소년, 멤버들의 능력을 깨우다    42

  – 수호 : 반듯한 모범생 소년, EXO를 수호하는 리더가 되다    45

  – 디오 : 과묵하면서도 깜찍한 소년, 울림 있는 보컬로 대지를 울리다    48

  – 백현 : 활발하고 유쾌한 소년, 빛의 능력으로 세상을 밝히다    51

  – 찬열 : 록커를 꿈꾸던 소년, 래퍼가 되어 불의 힘을 내뿜다    54

  – 세훈 : 낯가림 심한 소년, SM 기지에 안착해 바람을 다루다    57

  – 레이 : 음악과 함께 자란 재주 소년, EXO를 치유하다    60

  – 타오 : 겁 많은 무술 소년, 시간 능력을 각성하다    62

  – 시우민 : 다이어트에 성공한 소년, 귀여운 동안 매력의 결빙 능력자가 되다    65

  – 첸 : 티 없고 낙천적인 소년, 번개 같은 매력을 뽐내며 노래하다    68

  – 루한 : 한국문화에 심취한 베이징 미소년, 염력으로 중국을 끌어당기다    71

  – 크리스 : 캐나다에서 온 장신의 미소년, 비행으로 대륙을 넘나들다    75

chapter 4. EXO를 만든 SM이라는 과학 기지

SM의 연습생 시스템                                        82

뮤직 캠프                                              85

SM이 보유한 수천 곡의 음원 데이터베이스                        89

SM의 'A&R'팀                                        92

SM의 퍼포먼스 디렉터                                      95

SM의 비주얼 디렉터                                       98

EXO의 브랜드 아이덴티티 디자인                              101


chapter 5. 드디어 EXO 출격

SMP로 무장한 데뷔 무대                                  108

중화권 공략에 나선 EXO-M의 방송 활동                        111

EXO-M은 중국 그룹인가, 한국 그룹인가?                       115

EXO-K의 부진한 차트 성적                                120

EXO-K의 낮은 인지도                                    125


chapter 6. 보이그룹 비교탐구

아이돌 세대 구분 속 EXO                                  132

빅3 기획사 보이그룹 세대교체의 선두에 선 EXO                   135

동시대 보이그룹 B.A.P와 EXO-K                           138

chapter 7. EXO의 글로벌 전략

EXO-M/EXO-K/완전체                                    146

중국을 겨냥하다                                        149

중국 시장 진출의 딜레마                                 155

중국인 멤버발(發) 위기에 대처하는 SM의 자세              163

EXO와 일본 시장                                       167

EXO와 비 아시아권 해외 팬들                             171


chapter 8. EXO의 스토리텔링 전략

허경영이 말했다 "EXO는 나를 모방한 것일 뿐"              180

생명의 나무                                           184

초능력을 각성하라                                      190

늑대 소년으로 돌아오다                                  196

미로 탈출 암호 해독 놀이                                200

chapter 9. 팬덤현상과 사건사고

100만 장이라는 앨범 판매고      214

〈으르렁〉으로 터지다      218

사생팬인가 사생범인가?      222

특급 생일 축하      228

팬클럽, EXO의 이름으로 기부에 앞장서다      232


chapter 10. 에필로그      236


참고 문헌      244

# chapter 2

비밀병기,
EXO

SM은 체계화된 신인 발굴과 연습생 시스템으로 '아이돌 왕국'의 이미지를 굳건히 했다. 그만큼 좋은 원석을 찾아내고 원석을 보석으로 가공하는 체계가 잘 갖춰져 있는 기획사다. 아이돌을 생산해내는 거대한 기지라고도 할 수 있을 것이다. 마치 로봇이나 사이보그를 만들기 위해 기지를 만들어 엄청난 투자와 설비를 하고, 과학자들이 연구 개발을 하는 것처럼 말이다. EXO도 이 기지에서 연습생으로 트레이닝 되고 있었다. 바로 아이돌 전쟁에서 승리할 SM의 비밀병기가 되기 위해서.

로봇트킹_카이

## 밖에서 본 SM 기지

청담동의 SM 사옥 앞에 가면 구름떼처럼 진을 치고 있는 팬들을 종종 볼 수 있다. 혹자는 눈살을 찌푸리겠지만, **자기가 좋아하는 스타를 향한 열성적인 마음을 무조건 폄하하거나 탓할 수만은 없는 일이다.** 필자 또한 소싯적 일명 '빠순이' 시절이 있었기에 그 마음이 십분 이해가 된다. 이제는 '팬질'(팬으로서의 활동), '팬심'(스타를 향한 팬으로서의 마음) 등은 흔히 쓰는 말이 되었고, 팬덤 문화가 낳은 용어들과 하위문화 또한 다양하다. 언젠가부터는 스타의 사생활을 좇는 '사생팬'이라는 말이 등장해 부정적인 측면이 부각되었다. 사생팬들이 스타를 뒤쫓기 위해 전용으로 이용하는 '사생 택시'가 따로 있고, 인터넷이나 SNS 계정을 해킹하는 등의 방법으로 스타의 사생활을 주로 터는 '안방 사생'이라는 말도 있다. 사생팬들은 자기가 좋아하는 스타에 대해 공개되지 않은 사적인 부분까지 알고 있다는 것으로 다른 일반 팬들과 구별되는 우월함을 가진다고 생각한다. 이런 사생 행각을 통해 얻어낸 정보들을 인터넷에 올려 과시욕과 영웅 심리를 채우기도 한다. 또한 스타에게 더 가까이 다가가고 싶다는 생각, 스타에게 자신을 각인시키고

자 하는 생각에, 때로는 과격한 행동과 범죄에 가까운 어긋난 행동도 서슴지 않는 것이다.

나아가 데뷔도 하지 않은 연습생을 쫓아다니는 팬들도 생겨났다. 연습생 때부터 찍어놓고 팬질을 하면 데뷔 이후 다른 팬들보다 좀 더 우위를 차지할 것이란 생각으로, 사생팬들이 갖는 독점욕의 심리와도 비슷하리라고 본다. 내가 점찍어놓은 연습생이 데뷔해서 잘 된다면 대중에 노출되지 않았던 일개 연습생 신분 때부터 스타가 되기까지의 모습을 다 알고 있는 팬이 되기에, 불확실함 속에 기다린 만큼 뿌듯함은 클 것이다. 다른 기획사에 비해 SM은 유독 연습생 때부터 그들을 주시하고 있는 팬들이 꽤 있는 것으로 안다. 이는 한 포털사이트에 SM의 연습생 정보를 공유하는 카페가 있는 사실로도 알 수 있다. SM의 연습생 신분이라는 것만으로도 수많은 캐스팅과 오디션 과정을 거쳐 선발되어 외모와 매력, 실력에서 검증되었다는 뜻이며 언젠가 아이돌로 데뷔할 가능성이 크다는 뜻이다.

SM은 체계화된 신인 발굴과 연습생 시스템으로 '아이돌 왕국' 이미지를 굳건히 했다. 그만큼 좋은 원석을 찾아내고 원석을 보석으로 가공하는 체계가 잘 갖춰져 있는 기획사다. 아이돌을 생산해내는 거대한 기지라고도 할 수 있을 것이다. 마치 로봇이나 사이보그를 만들기 위해 기지를 만들어 엄청난 투자와 설비를 하고, 과학자들이 연구 개발을 하는 것처럼 말이다. EXO도 이 기지에서 연습생으

로 트레이닝 되고 있었다. 바로 아이돌 전쟁에서 승리할 SM의 비밀병기가 되기
위해서.

## '소년천지' 데뷔설?

**EXO가 데뷔하기 1~2년 전부터 SM에서 키우는 신인 아이돌에 대한 설들이 많았다.** 어디서 나온 이름인지 모르겠지만 '소년천지'라는 보이그룹이 데뷔를 준비 중인데, SM에서 큰돈을 쏟아 부으며 굉장히 공을 들이고 있다는 설이었다. 아마도 '소녀시대'에 비견할 만한 보이그룹이란 의미로 네티즌들이 썼던 이름에서 비롯된 듯하다. 그러면서 연습생 몇 명의 사진이 돌기도 했는데, 그중 일부는 나중에 EXO의 멤버가 되었다. 엔터테인먼트 업계를 주시하고 있는 증권가 찌라시에서도 SM에서 2011년 상반기에 신인 아티스트(남성 아이돌 그룹)의 데뷔가 계획되어 있다는 설이 흘러나왔다. 확인되지 않는 설들, 그리고 이에 대한 SM의 무대응... 이런 식으로 아이돌 팬들 사이에서는 SM에서 내놓을 신인 보이그룹에 대한 기대감이 커져만 갔다.

이수만 회장이 2011년 4월 미국 스탠퍼드 대학에서 '한류 비즈니스 전략'에 대한 특별 강연을 할 때 잠시 언급한 바에 따르면 7명의 한국인, 5명의 중국인으로 구성된 팀이 같은 이름으로 데뷔를 준비하고 있다고 했다. 하나의 이름으로 하나의 곡을 두 나라 말로 발표하여 동시에 활동하는 두 팀이자 합하면 12명이 한 팀이 되는 기획으로, 중국과 한국에서 론칭할 것이란 발언을 했다. (이후 중국인 1명이 빠지고 한국인 1명이 새로 투입되는 등 멤버 구성이 조금 바뀌어서 데뷔하게 된다.) 이러한 언급들 또한 기존 아이돌 팬들 사이에 번지며 SM에서 선보일 신인 남성 아이돌 그룹에 대한 기대감을 높였다.

SM은 2009년 f(x) 이후로 오랫동안 신인을 내놓지 않았고 더구나 남성 아이돌 그룹은 2008년 데뷔한 샤이니 이후 없었기에, 아이돌 왕국 SM에서 막대한 비용과 시간을 투자하여 곧 내놓을 남성 아이돌 그룹은 관심의 대상이 되기에 충분했다. 이수만 회장은 한 언론과의 인터뷰에서 새 팀을 론칭하는 데 보통 4년이 걸리며 그 비용도 막대하다는 이야기를 했다. 동방신기의 곡 하나에 50명이 모였고, 데뷔하는 데 40억여 원이 들었으며, 음반을 내는 프로모션비가 또 40억여 원이 들어갔다고 한다. 5명의 멤버로 데뷔한 동방신기보다 멤버가 두 배 이상 많은 EXO는 이보다 훨씬 많은 비용이 들어갔음을 짐작할 수 있다. 이렇게 수십 억 대 이상의 돈을 쏟아 부으며 공을 들인 SM의 야심 찬 대형 신인 프로젝트는 데뷔 전부터 이미 팬들의 관심을 모으고 있었던 것이다. 특히 SM 엔터테인먼트는 H.O.T., 신화, 동방신기, 슈퍼주니어, 샤이니 등 남성 아이돌 그룹에 있어서는 크게 실패한 적이 없었고, 2000년대 후반에 들어서 슈퍼주니어, 소녀시대, 샤이니,

f(x)를 성공적으로 데뷔시키며 제2의 전성기를 맞이하고 있었다.

이런 실적들은 이미 포화 상태인 아이돌계에서도 SM이 만들면 완성도 있고 고급스럽다는 인식, SM은 아이돌 명가라는 이미지를 만들었다. 이수만 회장은 인터뷰를 통해 SM 엔터테인먼트의 힘은 첫째 트레이닝, 둘째 시스템적으로 움직이는 것, 셋째 곡을 중요시하는 것이라고 강조했다. 이와 같이 완성도를 위해서는 많은 경비를 아끼지 않는 SM의 마인드와 행보를 통해 팬들은 'SM'이라는 회사에 대해 어느 정도 믿음과 호감이 생겼으리라 본다. SM이 구축해 놓은 신인 발굴, 트레이닝, 메이킹 시스템은 완성도가 있다는 생각, 그래서 기대를 저버리지 않을 것이란 생각이 그것이다. 이러한 분위기는 EXO의 데뷔 이전부터 형성되어 팬을 확보할 사전 준비를 하고 있었던 것이다.

## 전무후무했던 100일간의 프로모션

2011년 12월 22일 0시, SM 엔터테인먼트의 홈페이지에는 신인 그룹의 탄생을 알리는 독특한 로고와 함께 카운트다운 타이머가 게재된 팝업창이 떴다. 다음날인 12월 23일 0시, SM 엔터테인먼트는 공식 홈페이지 및 유튜브 채널, 페이스북을 통해 신인 그룹의 티저 영상을 전격 공개한다. 그룹명인 'EXO'와 멤버 '카이(KAI)'의 얼굴이 처음으로 공개되었다. SM은 이후 EXO 멤버들의 매력을 담은 영상과 이미지 등을 순차적으로 선보인다고 예고했다. EXO의 음악을 BGM으로 한 1분 남짓의 짧은 티저 영상은 모두 23개로 무려 100일에 걸쳐 공개된다.

첫 번째 티저로 멤버 카이의 모습을 확인한 팬들은 잘생긴 외모에 멋지게 춤을 추는 카이의 모습을 감탄 어린 마음으로 지켜보면서 모두 12명이라던 그룹의 나머지 멤버들에게도 궁금증을 가질 수밖에 없었다. 이런 식으로 멤버 수에 따라 티저가 12개 나오리라는 예상도 있었으나 그 예상은 보기 좋게 빗나갔다. SM의 카카오톡 계정을 추가하고 있던 사람들은 알람을 통해 티저를 확인하곤 했는데,

이 티저들은 일정한 주기 없이 돌발적으로 올라오는 식이었고 12명의 멤버 중 일부만 공개될 뿐이었다. 이렇게 티저가 나오는 기간이 길어지자 의아함은 더해갔다. 아무런 사전 정보 없이 언제까지 티저만 풀 것인지 짜증스런 반응을 내는 이들도 있었고, '얘들이 그 티저 오래 푸는 그룹이라며?'하며 관심을 갖는 사람들도 생겼다. 이 그룹이 정말 데뷔를 하긴 하는 건지 답답할 정도로 티저가 두 달 석 달 계속되면서, 티저 영상들의 내용을 분석하는 이들도 생겨났다. 처음 홈페이지가 오픈할 때 떴던 '외계에서 12명의 소년들이 온다'라는 문구를 토대로 외계에서 온 초능력자라는 설정에 대한 스토리를 추정하고 풀이하기도 했다. 또 어느 멤버가 중국인이고 어느 멤버가 한국인인지, 누가 EXO-K의 멤버고 누가 EXO-M의 멤버인지 하는 것을 점치는 이들도 있었다.

이렇게 2011년 12월 23일부터 이듬해 3월 1일까지 약 석 달에 걸쳐 공개된 23개의 티저에 대해 SM은 '100일 글로벌 프로모션'의 일환이라고 언급했다. 100일 동안이나 프로모션을 진행한 이유는 중국이 너무 큰 나라이기에, 티저 영상이 퍼지는 데 100일 정도 걸릴 것이라 예상했기 때문이라고 한다. 프로모션으로 진행한 23편의 티저 영상은 영상 하나마다 뮤직비디오 한 편 제작비에 맞먹는 비용이 들었다. 그리하여 티저가 공개된 지 정확하게 100일째 되는 날인 3월 31일, 서울 올림픽 공원 올림픽 홀에서 쇼케이스를 갖는 EXO. 여기서 한국을 기반으로 활동하는 EXO-K(수호, 카이, 찬열, 세훈, 백현, 디오)와 중국을 기반으로 활동하는 EXO-M(크리스, 루한, 타오, 레이, 시우민, 첸)의 모든 멤버가 등장했다. 이 곳에서 티저를 통해 사전 공개한 〈What is Love〉와 〈History〉에 이은 타이틀곡 〈MAMA〉를 처음으로 공개하며 가요계에 출사표를 던진다. 이어 4월 1일에는 중국 베이징에서 쇼케이스를 연다. 단군 신화에서 곰이 마늘과 쑥을 먹고 사람이 되기 위해 동굴 속에서 100일을 보낸 것처럼, 프로모션 기간을 100일로 잡고 중화권 시장을 공략하기 위한 전략을 세운 SM. 이처럼 세심한 기획이 들어가 있는 전략들이 쌓여 지금의 EXO를 만들었던 것이다.

chapter 3

# EXO planet 에서 온 초능력자들

하나 둘씩 소년들이 모여들었다. 길거리에서 SM 요원들의 눈에 띄거나 혹은 오디션이라는 경로로 SM 기지에 입성한 12명의 소년들. 그저 음악과 춤을 좋아한다는 공통점으로 '연습생' 생활을 하며 서로를 알아가던 그들 각자에게 뜻밖의 일들이 찾아온다. 소년들에게는 자신도 모르던 놀라운 능력이 있었으니...

*주의 : 엑소 멤버들에 대한 다음의 내용 중 일부는 허구임을 알립니다.

# 건물_수호

카이 : 빌리 엘리엇을 꿈꾸던 소년, 멤버들의 능력을 깨우다

1994년생으로 전라도 순천에서 태어난 카이, 본명은 김종인. 초등학교 2학년 때
부터 재즈댄스를 배우기 시작했고, 4학년 때 〈호두까기 인형〉 공연을 접하고 발
레 학원에 다니게 되었다. 가장 좋아하는 영화 〈빌리 엘리어트〉는 소년의 가슴
을 춤을 향한 열정으로 더욱 불타오르게 한다. 그렇게 발레를 계속했다면 발레리
노가 되었겠지만, 소년은 신화의 무대를 보고 가수가 되기로 결심한다. 이후 스트
리트 댄스와 방송 댄스(urban-dance)도 배웠다. **초등학교 6학년 때 SM 오디션을
봤으나 너무 어리다는 이유로 탈락, 하지만 SM 요원들은 소년을 눈여겨보고 꼭
다시 오라는 이야기를 전한다.**

그리하여 소년은 중학교 2학년 때인 2007년 SM 기지에 입성한다. 이후 5년 동
안 SM '연습생'이라는 이름으로 트레이닝을 받는데, 이는 EXO 멤버 중 수호 다
음으로 오랜 기간이었다. 여기서 소년은 팝핀과 락킹을 배웠다. 그렇게 춤에 대한
열정을 키워가던 어느 날 밤, 여느 때처럼 턴을 도는 연습을 수십 번, 아니 수백

번이었는지도 모르겠다. 그렇게 몰두하고 있을 때 소년은 놀라운 경험을 하게 된다. 외계 행성 EXO planet에서 살던 전생의 기억과 함께, 자신에게 '공간이동'이라는 놀라운 능력이 있다는 사실을 알게 된 것이다. SM 요원들은 올 것이 왔다는 반응을 보이며 더욱 놀라운 이야기를 들려준다. 힘과 기억을 잃고 지구에 불시착한 열두 명의 EXO planet 외계인들. 그 멤버들을 모두 각성시키고 하나로 합쳐야만 적인 붉은 기운을 물리치고 EXO planet의 '생명의 나무'가 온전히 하나가 된다는 것이다. 이후 소년은 '김종인'이라는 이름 대신 '카이'라는 새로운 이름을 얻게 된다. '열다'라는 뜻을 가진 열 개(開)자를 중국어의 병음으로 읽으면 바로 KAI이다. 카이가 나머지 멤버들의 기억을 자극하고 힘을 되찾을 수 있도록 문을 열어주는 존재라는 것이다.

그가 기억을 잃은 멤버들을 자극하는 방식은 아주 간단하다. 바로 춤이다. 티저와 뮤직비디오 속에서 카이는 멤버들을 자극하고 그들의 기억과 힘을 일깨운다. 자신의 초능력인 순간이동을 사용해 멤버들 앞에 순식간에 나타났다 사라지기를 반복하고, 혼자만의 공간에 들어가 있는 멤버의 앞에 나타나 그를 자극한다. 시공간이 뒤틀려 있어서 일식이나 월식이 아니면 서로를 감지할 수 없는 평행 세계를 공간 이동 능력으로 유일하게 넘나들 수 있는 존재이다.

지구의 현실로 돌아와, 카이의 춤 연기는 상당히 뛰어나다. 손끝이나 발끝의 모양, 몸의 축, 각과 선 등이 제대로 잡혀 있고 동작 하나하나가 정교하고 섬세해 그 나이 또래의 실력을 훨씬 뛰어넘는다는 평을 듣는다. 전문가들도 그의 춤이 상당한 수준이라고 호평한다. (정말 외계의 능력 때문이기라도 한 것일까?) 춤의 내러티브에 대한 구현력도 뛰어나고, 표정 연기도 뛰어나기 때문에 무대에 서면 가장 돋보이는 멤버 중 하나다. 때문에 EXO의 퍼포먼스를 이루는 가장 핵심적이고 중요한 구심점 역할을 한다. 메인 퍼포머로서 무대 장악력이 압도적이며, 무대 위의 강렬한 모습이 인상적이다. 춤으로 사람들의 이목을 집중시키고 자연스럽게 무대의 중심을 잡으면서 EXO를 여는 첫 단추가 될 수 있는 존재, 바로 카이다.

'춤과 노래 이외에 잘하고 싶은 것은 없다'라고 단언할 정도로 춤에 대한 사랑이 각별한데, 그 말을 증명하듯 춤을 추는 모습이 자주 눈에 띈다. 가장 존경하는 사람은 마이클 잭슨. 여가 시간에는 무용 공연 DVD 감상. 잠을 자고 밥을 먹는 시간을 뺀 나머지 시간을 전부 춤에 쏟아 붓는다고 해도 과언이 아니다. 어릴 때부터 무용과 가까이 지낸 탓인지 성격도 또래의 남자애들보다는 상당히 진중하고 감성적인 편이다. 프로필 상 키는 182cm로 찬열, 타오, 세훈과 함께 '장신 라인'을 형성하고 있으며, 성숙하고 섹시한 이미지로 누나팬들이 많기로 유명하다.

포지션 : 메인 댄서, 랩퍼
별명 : 깜종, 티저부자(티저 영상에 최다 출연), 몽구애비
10년 후 예측 : 댄스가수, SM의 춤선생, 댄서 또는 안무가

## 수호 : 반듯한 모범생 소년, EXO를 수호하는 리더가 되다

본명은 김준면. 1991년 서울 태생으로 교육자 집안의 모범생으로 자라났다. 초등학교에 다닐 때부터 가수가 꿈이었지만, 바르고 반듯한 환경 탓인지 대학생이 된 다음에 가수를 준비하려고 했다. **그런데 중학교 때 공원에서 봉사활동 동아리 경연대회를 구경하다 SM 요원들의 눈에 띄게 되고, SM 기지에 입성해 '연습생' 생활을 시작한다.** 이때가 소년이 중학교 3학년이던 2005년이었다. 이후 7년이라는 긴 시간 동안 소년은 연습생으로 살게 되는데, 이는 EXO 멤버 중 가장 긴 연습생 기간이었다. 모범생 준면이는 연습생 생활을 하면서도 학업을 놓지 않았다. 고등학생 때도 연습생 생활과 학교 생활을 병행하면서 전교 50등 밖으로는 밀려난 적이 없었다. '형과 싸운 뒤에 부모님의 허락을 받고 찜질방에서 하룻밤 잔 것'이 인생 최대의 일탈이었다.

소년에게 비밀이 하나 생긴다. 그것은 바로 '찜질방 사건'때 꾸었던 외계 행성 EXO planet에 대한 꿈이다. 수많은 일식과 월식, 검은 옷을 입은 수상한 적들, 얼굴을 기억할 수 없는 동료들. 단지 꿈일 뿐이었지만 이상하게도 그때의 기억을 잊을 수가 없었던 그는 연습생 동지였던 카이에게 자신의 꿈 이야기를 한다. 허무맹랑한 꿈이라고 놀림 받을 것을 각오하고 털어놓은 것이지만, 카이는 그를 놀리지도 비웃지도 않고 오히려 소년이 모르고 있던 것들에 대해 더 말해준다. 자신들이 바로 그 EXO planet에서 온 외계인들이며, 소년도 그 열두 명의 멤버 중 한 명이라는 것. 붉은 기운의 눈을 피해 지구에 불시착하던 중 힘과 기억을 잃었지만, 이제 그 기억을 되찾고 힘을 각성해 적을 물리쳐야 할 때라고 말이다. 소년은 카이와의 접촉을 통해 잃어버린 기억을 되살리고, 자신이 가진 '물'의 힘을 깨닫게 된다. 소년은 이제 '김준면' 대신 EXO를 수호하는 '수호'라는 새로운 이름을 얻게 된다.

수호의 장점은 반듯한 태도와 리더십이다. 팀 생활을 하는 아이돌 그룹이기에, 여러 멤버들을 다잡아주고 이끌어줄 리더가 필요하다. 카이처럼 춤 실력이, 백현이나 첸, 디오처럼 노래 실력이 특출 난 것은 아니지만 그의 리더십은 팀 내에서 각별하다. '맛있는 것을 많이 사주는 것'이 멤버들을 휘어잡는 노하우라고 본인의 입으로 말한 바 있고 실제로 멤버들에게 자주 밥을 사주고는 있지만, 그렇다고 그의 리더십이 정말 식비 충당에서만 나온다고 생각하면 곤란하다. 팬 사인회 때 팬이 수학 문제를 풀어달라고 문제를 들고 왔을 때 막힘없이 풀어내는 것에서도 그의 성실함이 증명된다.

EXO-K의 리더로서 주로 교과서적이고 정석적인 멘트를 하는 편이지만, 이따금 뱉는 말에 뼈가 있다. 정규 1집의 음원이 전부 유출되는 소동이 벌어졌을 때 "팬 여러분이 저희를 너무 보고 싶어 하셔서 미리 다 들어보신 거겠죠."라고 말한 것 이나, 크리스의 소송으로 팬덤이 발칵 뒤집혔을 때 의연히 무대에 올라 "저희는 팬 여러분, 그리고 정말 위아원('We Are One')인 EXO를 생각하는 EXO가 되겠 습니다."라고 말하는 부분에서 그의 일면을 엿볼 수 있다. 'We Are One'은 EXO 의 초창기 구호였다. 그야말로 흔들리거나 불안할 때에 팀의 기둥이 되어줄 수 있 는 '리더'인 셈이다.

포지션 : 리더, 서브 보컬
별명 : 엑수호(EXO를 수호하는 수호), 그냥부자(돈이 많아서), 준멘, 면카엘(가끔 성스러워
보이는 사진 탓에 붙은 별명들), 수나운서(데뷔 초 말을 국어책 읽듯 해서 붙은 별명)
10년 후 예측 : 배우(한국예술종합학교 연극원 연기과를 다닌 이력) 또는 SM의 이사가
되어 경영에 참여하거나 연습생들의 인성 교육을 담당하는 직책을 맡지 않을까?

디오 : 과묵하면서도 깜찍한 소년, 울림 있는 보컬로 대지를 울리다

본명은 도경수. 서울과 인접한 경기도 일산에서 자랐다. 어린 시절부터 낯을 많이 가렸던 소년은 과묵하면서도 세심한 성격으로 자라난다. 2010년 노래 경연대회에 나가서 상을 받고 집으로 돌아가는 길에 SM의 요원들이 소년에게 다가온다. 그때도 처음 보는 사람들 앞에서 잔뜩 긴장한 소년은 목소리부터 바뀌었다. '누… 누구신데요?' 이후 오디션을 통해 정식으로 SM 기지에 입성한 소년은 학교에 알려지는 것이 싫어 아무한테도 SM의 연습생이 되었다는 것을 알리지 않았다.

SM 기지에서 소년은 다른 연습생들을 만난다. 그들은 훤칠하게 잘생긴 데다 키도 컸다. 작은 체구에 크고 동그란 눈으로 귀여운 인상을 한 소년에게 SM의 수장 미스터 리는 '아기동자'라는 별명을 직접 지어준다. 이에 다른 연습생들도 소년을 아기동자라 부르고 아기 같은 볼살을 꼬집으며 친밀감을 나타냈다. 그러던 중 누군가가 소년을 '땅꼬마'라고 부르기 시작했고, 소년은 자신을 놀리는 것 같아 갑

자기 화가 났다. '흥, 그렇다면 내가 땅꼬마의 힘을 보여주지!'라고 생각하며 바닥
을 쾅 밟는 소년. 그러자 엄청난 힘으로 대리석 바닥에 쩌억 금이 가면서 온 사방
에 진동이 일어났다. 소년은 너무나 놀랐지만 SM의 요원들은 고개를 끄덕인다.
'대지의 힘'을 각성한 소년은 그 후, 디오(D.O.)라고 불리게 된다.

EXO에서 메인 보컬을 담당하는 디오는 R&B에 적합한 리듬감이 좋은 보컬리
스트라는 평을 받고 있다. 평소 긴장을 많이 하는 편인데, EXO-K의 데뷔 무대였
던 〈SBS 인기가요〉의 공연 직전 인터뷰에서 그 긴장이 고스란히 드러나 강한 인
상을 남긴다. 이때 디오는 몹시도 긴장한 나머지, 더듬는 말투로 '우...우월한 오케
스트라와 강..렬한..'이라는 말을 남긴다. 데뷔곡을 소개하는 멘트였는데 '웅장한'
이라는 단어를 '우월한'이라고 말한 것이다. 디오는 이전까지 '우월'이라는 단어를
전혀 써본 적이 없다고 한다. 이후 EXO 팬들을 통해 '우월한'이 들어간 수많은
파생어들이 양산된다. 디오는 한 프로그램에서 당시의 실수로 인해 무대 공포증
이 생겼다고 고백하기도 했다. 하지만 시간이 지나면서 긴장하는 모습은 많이 사
라진 듯하다. 요리를 좋아하고 정리 정돈을 잘해서 숙소 내에선 엄마라고 불린다
고 멤버들이 밝혔다. 손재주도 상당히 뛰어나서, EXO의 정규 1집 〈XOXO〉 앨
범 커버에 있는 늑대와 미녀 그림도 디오의 작품이다. 귀여워 보이는 이미지와는
달리, 멤버들 사이에선 남자다운 면모를 가진 팀의 깜찍이라고 한다.

포지션 : 메인 보컬
별명 : 됴케스트라(도경수+오케스트라. '우..월한 오케스트라' 멘트에서 파생), 흰자부자
(눈이 커서 흰자가 많이 보임), 도디오, 됴도르(됴+효도르, 주짓수 기술을 잘 걸어서), 쫄보
10년 후 예측 : 가수(R&B), 또는 요리사 겸업

백현 : 활발하고 유쾌한 소년, 빛의 능력으로 세상을 밝히다

본명은 변백현. 나이 차이가 많이 나는 형이 하나 있는 집에서 막내로 태어났다. 그러다보니 소년은 어릴 적부터 집에서 딸 노릇을 하며 자연스럽게 애교가 생겼고, 활발하고 유쾌한 성격으로 자라났다. **어느 학교, 어느 반에나 한 명쯤 있는, 수련회 장기자랑 시간이면 제일 먼저 무대에 올라 분위기를 돋우곤 하는 분위기 메이커였던 소년은 연예인이 되고 싶었다.** 여기저기 오디션을 보러 다녔지만 어째서인지 전부 탈락. 결국 대학교에 진학하기로 한다.

실기시험을 준비하며 연습을 하던 어느 날, 소년은 깜빡 잠이 들고 이상한 꿈을 꾼다. 모르는 사람들과 어딘가를 여행하며 일식을 보는 꿈이었는데, 짧지만 강렬했다. 그 사람들은 누굴까? 처음 보는 얼굴들이었지만 왠지 낯이 익었다. 갑자기 어두워진 하늘이며 일식까지, 이해할 수 없는 꿈이었지만 소년은 곧 있을 실기에서 좋은 소식이 있을 징조인가 생각하며 터덜터덜 밤길을 걸어 집으로 돌아온다. 가로등이 전부 고장 나 칠흑같이 깜깜한 골목을 걷던 소년은 골목이 조금 밝아

졌으면 좋겠다는 생각을 한다. 그러자 갑자기 어디선가 빛이 나타나더니 골목이 환히 밝아지는 게 아닌가! 눈을 비비는 소년, 한 번 더 깜짝 놀라는데…. 그 빛은 바로 소년의 손에서 나오고 있었다. 정신을 차려보니 소년은 집 침대에 누워 있고, 밖에는 햇볕이 내리쬐고 있다. 이것까지 전부 꿈인 걸까? 소년은 얼떨떨한 기분으로 실기장으로 간다. 순서를 기다리며 목을 풀고 있던 소년에게 접근한 SM 요원. 그는 명함을 주고 사라진다.

SM 기지에 찾아온 소년은 또 한 소년과 마주친다. 캐스팅 오디션의 마지막 남은 두 사람이니, 둘 중 하나는 붙고 다른 하나는 떨어지게 될 것이다. 둘은 누가 붙건 힘을 내자며 서로를 응원한다. 그런데 조금 이상한 느낌이 드는 소년, 처음 본 사람인데 언제가 본 듯한 기시감이 든다. 기지를 나오고 나서야 기억이 난 그 얼굴은 바로 꿈에서 봤던 얼굴이다. 꿈에 대해 물어보고 싶었지만, 그 소년과 연락할 방도가 없다. 그러나 놀랍게도 두 소년은 반년 후 SM 기지의 연습생이 되어 다시 만난다. 소년은 그 꿈이 범상치 않았음을 알게 되고, EXO planet의 기억과 '빛'의 능력을 가진 진정한 능력자로 각성하게 된다.

'가만히 있는 능력'을 선사해주고 싶은 멤버라고 하는 백현. 활발한 성격과 애교로 폭풍 친화력을 자랑하고, 끼도 많다. 케이블 프로그램 〈EXO의 쇼타임〉에서 예능감을 뽐내며 예능꿈나무로서의 자질을 보여주었고, 명실상부 EXO의 보컬라인으로 노래 실력 또한 출중하다. EXO의 보컬라인 멤버들과 함께 스페셜 앨범의 〈12월의 기적〉을 부르기도 했고, 2014년 여름에는 유명 뮤지컬 〈싱잉 인 더 레인〉에 출연하여 갈고닦은 실력도 보여주었다.

포지션 : 메인 보컬
별명 : 비글, 멍뭉이, 배큥, 베이컨(외국인들에게 백현 발음이 어려워서), 핏대부자(고음을 내지를 때 목에 핏대가 서서)
10년 후 예측 : 가수, MC, 뮤지컬 배우

찬열 : 록커를 꿈꾸던 소년, 래퍼가 되어 불의 힘을 내뿜다

어린 시절 바이올린을 배웠고, 중학교 때부터 독학으로 기타를 쳤다. 중학교 3학년 때 펜타포트 록 페스티벌에서 록 밴드 '뮤즈'를 보고 완전히 빠져든 소년은 학창시절 밴드부 활동을 하면서 기타, 베이스, 드럼을 모두 다루어보았다. 음을 귀로 듣고 피아노로 바로 칠 수 있는 수준이지만, 피아노를 정식으로 배우지 못하였기에 레이와 마찬가지로 악보를 볼 줄 모른다. 2008년 길거리 캐스팅을 받고 SM 기지에서 **연습생 생활을 시작한다. 록 밴드를 하고 싶었던 소년은 SM에서는 그것이 힘들다는 것을 알고 좌절한다.** 그러나 힙합에도 관심이 많았기에 래퍼로 전향하고 비트박스도 한다. 언젠가 한 번쯤 SM에서 유닛으로 밴드를 하고 싶다는 소망을 가지고 있다.

SM 기지에서의 어느 날, 연습생들은 팔씨름 시합을 벌인다. 찬열은 카이와의 팔씨름 시합에서 이겨야겠다는 승부욕이 불타오른다. 그런데 이상하게도 카이는 전혀 힘을 주지 않는 듯 여유 있는 표정이고 팔은 끄덕도 하지 않는다. 그런 카이

를 볼수록 기분이 상하고 열이 뻗치는 찬열. 힘을 줄수록 점점 손발이 뜨거워지는 것을 느끼는데…. 젖 먹던 힘까지 온 힘을 다 기울이던 어느 순간, 찬열의 손에서 갑자기 불이 확 뿜어져 나오는 것이 아닌가! 다른 멤버들은 그저 그것을 태연히 바라볼 뿐이다. '불'같은 성격이라는 말을 들은 적은 있었지만 이런 식으로 능력이 찾아온 것인가?

티저 영상에서 찬열은 낡은 오두막 안에 고서를 들고 뒤적거리다가 수호의 초능력 문양이 그려진 돌을 줍는다. 〈what is love〉 뮤직비디오에서도 레이의 초능력 문양이 그려진 돌을 줍는다. 다른 EXO-K 멤버들은 카이가 직접 찾아가 능력을 일깨우는 데 반해 찬열은 이미 이러한 일들을 알고 있었던 듯하다. 그 덕분인지 〈MAMA〉 뮤직비디오에선 남들보다 일찍 초능력을 쓰지만 걸을 때마다 발자국에 불이 붙는 모습을 보인다. 아직 능력을 제어하지 못하는 듯한데, 카이가 찬열을 찾아오면서 능력을 다시 제대로 각성한다. 초능력 상관관계로 비행 능력의 크리스와는 평행세계의 하늘을 공유하고 있다. 같은 하늘을 보지만 다른 땅을 밟는 경우다. 그러나 크리스 탈퇴 이후 짝을 잃는다.

찬열은 어린 시절부터 놀이터에서 키운 사교성으로 많은 사람들에게 사랑을 받았다고 한다. 가장 친한 멤버는 1992년생 동갑내기인 백현. 두 사람 모두 친화력이 좋아 20초 만에 친해졌다는 얘기가 있다. 여기에 첸까지 합세하여 '비글 라인'이라 불린다. 장난끼가 많고 잠시라도 가만히 있지 않는다는 뜻에서 애완견 품

종 비글을 빗댄 것이다. 예능감이 있는 멤버로 예능 프로그램 SBS〈정글의 법칙〉
과〈룸메이트〉에 출연했다. 또 영화〈장수상회〉에도 출연해 연기자로도 활약했
다. 185cm의 큰 키와는 달리 의외의 소녀감성을 가지고 있다고 스스로 말했다.
한 때 스킬 자수, 뜨개질도 했으며 여자 친구를 위해 학종이를 접어본 적도 있다
고. EXO 멤버 중 전자제품을 잘 고치는 것으로도 으뜸이고 요리도 잘한다.

포지션 : 메인 래퍼
별명 : 박도비(귀가 해리포터 시리즈에 나오는 '도비' 처럼 커서), 이빨부자(웃을 때 이가
많이 보여서), 성격미남, 해피바이러스
10년 후 예측 : 예능 프로그램 MC, 록밴드 결성

세훈 : 낯가림 심한 소년, SM 기지에 안착해 바람을 다루다

기억을 잃고 지구인 사이에서 살고 있는 EXO 멤버들을 찾기 위해 전국을 돌아다니던 SM 요원들은 한 초등학교 분식집 앞을 지나게 된다. 그들이 발견한 것은 분식집에서 떡볶이를 먹고 있던 초등학교 6학년의 한 소년. 그들은 단번에 그 소년이 자신들이 찾고 있던 멤버라는 것을 간파해낸다. **그러나 낯선 사람을 경계하라는 교육을 잘 받은 탓인지 SM 요원이 말을 걸자 소년은 도망가버리고, 약 30분간에 걸친 추격전 끝에야 간신히 소년을 캐스팅할 수 있었다.** 나이가 너무 어리다는 이유로 2년 후에야 소년은 SM의 연습생으로 입성한다. EXO의 막내 오세훈이다.

세훈의 능력은 '바람'이다. 그의 각성은 바람이 세차게 부는 날에 이루어졌다. 나무가 뽑혀 나가고 간판이 흔들릴 정도의 강풍을 바라보던 세훈은 불현듯 바람이 자신에게 다가오고 있다는 것을 깨닫는다. 창문을 열자 바람이 세훈의 몸속으로 들어오더니 격하게 요동치며 통과해 나온다. 곧 세훈은 손안에 들어온 바람

을 자유자재로 움직이기 시작한다. 그러나 다시 정신을 차리고 눈을 떴을 때 바깥은 조용했다. 가족들에게 물어보니, 어젯밤에는 아무 일도 없었고 날씨는 더없이 고요했다고 한다. 세훈은 SM 기지에서 어젯밤 있었던 일을 이야기한다. 단순히 꿈일 거라 생각하고 지나가는 말로 이야기했지만, 멤버들은 오히려 세훈이 더 놀랄만한 이야기를 들려준다. 그건 꿈이 아니라고, 자신들과 세훈은 함께 EXO planet에서 지구로 넘어온 외계인이라는 것이다. 기억과 능력을 되찾은 세훈은 이제 멤버들과 함께 붉은 기운의 눈을 물리치고 생명의 나무를 되살리기 위해 전력을 다한다.

세훈은 1994년생으로 카이와 동년생이지만 생일이 늦어 EXO의 막내다. 막내로서 애교를 담당해야 하는 것이 부담스럽다고 투덜대지만, 말과는 달리 팬 사인회며 방송에서 폭풍 같은 애교를 부려 누나들의 사랑을 듬뿍 받고 있다. 유달리 누나들에게 인기가 많아 '누나부자'라는 별명이 붙었을 정도다. 중저음의 톡 쏘는 듯 색깔 있는 목소리로, 세훈이 맡은 랩 파트는 짧지만 강렬한 존재감으로 각인된다. 또 다른 장점은 바로 외모. 높은 콧대와 갸름한 얼굴로 만화에서 튀어나온 듯한 인상에 황금비율의 이목구비를 갖추고 있다. 살이 잘 찌지 않는 체질이라 전혀 관리를 하지 않는데도 불구하고 모델처럼 스키니한 몸매를 자랑한다. 나이에 비해 성숙해 보이는 외모에 큰 키로 EXO에서 장신 라인을 이룬다. '얼굴빨'로 어떤 머리색도 자연스럽게 어울리는 멤버로 금발, 은발, 핑크, 무지개색, 녹색 등

9개월간 16번의 염색을 거치면서도 모두 무리 없이 소화시켰다.

    포지션 : 서브 래퍼, 리드 댄서
    별명 : 오미자->오덜트(오세훈+미성년자->오세훈+adult), 누나부자(누나팬이 많음),
    세포이(해리포터의 말포이를 본딴 별명), 오센(이름축약), 훈훈(이름의 뒷글자)
    10년 후 예측 : 배우 또는 모델. 좋은 프로포션과 어떤 머리색도 잘 어울리는 것을 살려
    모델 겸 디자이너로 패션디자인 계에 진출해도 좋을 듯하다.

## 레이 : 음악과 함께 자란 재주 소년, EXO를 치유하다

본명 장이씽(Zhāng Yìxīng). 1991년생으로 중국 후난성 창샤에서 태어난 소년은 어릴 적부터 가수가 꿈이었고, 아주 어렸을 때부터 여러 오디션 프로그램과 연예 프로그램에 출연해 노래와 춤을 선보여 왔다. **그러던 중 어떤 대회에서, 소년을 눈여겨본 SM 요원에 의해 캐스팅되어 한국에 온다. 소년의 나이 만 17세 때인 2008년 10월의 일이다.**

SM 연습생이 된 소년은 SM 기지에서 만난 카이에게 춤을 배운다. 밤늦게까지 연습실에 단둘이 남아 춤을 익히다가 서로 스텝이 꼬이며 넘어져 부상을 당하게 된다. 춤을 추는 아이돌에게 몸은 생명이나 마찬가지다. 게다가 두 사람 모두 댄스가 주력인 멤버. 어쩌면 데뷔가 더 늦어질 수도 있는 상황에, 두 사람은 나란히 병원 침대에 누워 암울한 기분으로 잠이 든다. 소년은 아주 이상한 꿈을 꾸게 된다. 지구가 아닌 듯한 외계 행성, 일식, 붉은 기운의 눈, 동료들, 그리고 얼어붙어 죽어버린 꽃을 되살리는 자신… 꿈에서 깨어난 소년은 다친 다리가 멀쩡하게 나아있는 것을 발견한다. 그는 옆자리의 카이를 흔들어 깨우고, 꿈속에서 자신이 본 것과 멀쩡해진 자신의 다리에 대해 말해준다. 그러나 카이는 놀란 기색도 없이, 원래 그렇게 되어야 할 것이라고 이야기한다. 그것은 꿈이 아니라 우리의 전생이고, 그렇게 기억과 능력을 되찾도록 하는 것이 자신의 의무라는 것이다. 소년은 얼떨떨한 기분으로 카이의 몸에 손을 대고, 카이의 다친 다리를 감쪽같이 낫게 만든다. 자신의 치유 능력을 깨달은 소년은 잃어버렸던 기억도 되찾는다. 그는 이제 '레이'라는 새 이름을 얻고, 카이와 다른 멤버들과 함께 나머지 멤버들을 찾아 각성을 돕기 위해 최선을 다하기로 한다.

레이는 카이에게 배운 춤 실력을 유감없이 발휘해 EXO-M의 메인댄서를 맡고 있지만 작사, 작곡, 기타, 피아노 연주까지 다재다능한 멀티 플레이어다. 독학으로 피아노를 배워서 악보를 볼 줄 모르지만 난이도 있는 쇼팽의 곡을 칠 만큼 실력이 상당하다고 한다. 첫 단독 콘서트에서는 강렬한 비트의 자작곡으로 단독무대를 선보이기도 했다. 레이의 롤모델은 바로 SM의 이수만 회장이다. 평소 이수만 선생님을 존경한다고 입버릇처럼 말하고, 이수만처럼 훗날 중국에서 기획사를 차리고 후배를 양성하는 프로듀서가 되고 싶다고 한다.

포지션 : 메인 댄서, 서브 보컬
별명 : 씽씽(본명을 가지고 멤버들이 붙인 애칭), 창사의 왕자(창사 출신), JPG레이(자주 멍 때려서), 저격왕(멤버들의 약점이나 비밀을 자주 폭로), 레이씽(예명+본명)
10년 후 예측 : 중국 혹은 한국에서 단독 기획사를 차려 프로듀서가 되어 있을 듯.

## 타오 : 겁 많은 무술 소년, 시간 능력을 각성하다

본명은 황즈타오. 1993년 중국의 칭다오에서 외동으로 태어났다. 바닷가에 인접한 칭다오에서 자라면서 소년은 11년간 우슈를 연마한다. 소년은 유난히 귀신이 무서웠고 벌레가 겁이 났다. **무술 단련으로 장신에 건장한 체격으로 자라났지만 여전히 지구엔 무서운 것 투성이였다. 아무래도 익숙해지지 않았다. SM 기지에 들어와서야 그 이유를 알게 되었다.** 지구는 원래 소년이 살던 곳이 아니었으니까. SM 기지에서 만난 카이는 소년에게 EXO planet에서 지내던 전생의 기억과 힘을 일깨웠다. 소년은 '타임컨트롤' 능력을 되찾았고 '타오'라고 불리는 EXO의 멤버가 된다.

붉은 조명의 공간에 타오가 있다. 날렵하게 발차기를 하고 무술을 선보인다. 아무도 없는 곳에서 봉이나 칼을 들고, 혹은 맨몸으로 화려한 액션을 보여준다. 이번에는 달이 떠오른 밤, 서서히 달이 가려지면서 월식이 시작되고, 뒤쪽에 검은 옷을 입은 괴한이 나타난다. 하나가 아니라 점점 늘어나는 괴한을 물리치는 타오.

EXO의 티저에 등장하는 타오의 모습이다. 티저와 뮤직비디오 속에 타오는 시간 능력보다는 무술로 적을 제압하는 모습이 더 많이 나온다. 초능력을 보여주는 장면이라면, 꽃잎이 흩날리는 곳에서 시간이 정지되었다가 타오의 동작으로 시간이 깨어나는 모습이 전부다. 아직 그의 능력이 명확하게 발현되지 않은 것일까?

지구에서 춤 잘 추는 아이돌, 노래 잘 부르는 아이돌은 많지만 무술 하는 아이돌은 찾기 힘들다. 물론 이전에도 태권도니 검도니 하는 특기를 가진 아이돌은 꽤 있었으나, 아예 포지션에 무술이 있는 아이돌은 처음이다. 뮤직비디오와 티저에서 봉과 쌍절곤, 칼을 휘두르며 아낌없는 무술 실력을 보여주었고, 무대에서도 댄스 브레이크 부분에서 날렵한 공중회전을 보여주며 실력을 뽐냈다. 붓으로 그린 것처럼 날카로운 눈매, 일부러 그려 넣은 듯한 짙은 다크서클에 매서운 이목구비는 만화책에서 튀어나온 암살자 캐릭터 같다.

그러나 실제 성격은 정반대로 멤버 중 가장 여리고 감수성이 풍부하다. 예능 방송에서 중국에 계신 부모님 질문에 보고 싶다고 울먹거릴 정도이며, 작은 것에 쉽게 감동해서 자주 운다. 멤버 모두가 꼽는 제일 겁 많고 소심하고 어린애 같은 멤버이다. 무섭게 생긴 외모와는 다르게 애교도 많고 정도 많아 멤버들에게 장난도 많이 친다. 이런 성격에 다소 어눌한 한국어까지 합쳐져서 EXO 멤버 중 애교의 대명사라고 할 수 있다. EXO-M의 막내인 타오는 EXO-K의 막내 세훈과 '막내 라인'으로 불렸고, 둘은 실제로도 항상 붙어 다니는 경우가 많았다고 한다.

포지션 : 리드 래퍼, 서브 보컬, 무술
별명 : 쿵푸팬더, 낭만쿵푸팬더
10년 후 예측 : 영화 배우(무술, 액션 전문)

## 시우민 : 다이어트에 성공한 소년, 귀여운 동안 매력의 결빙 능력자가 되다

본명 김민석. 어릴 적엔 상인이 되고 싶었지만 동방신기의 콘서트를 보고는 가수의 꿈을 키우게 된 한 소년이 있다. **친구를 따라서 우연히 참가한 2008년 SM 에브리씽 콘테스트에서 2위로 입상을 한 소년은 곧바로 SM 연습생에 합류하게 된다.** 제 발로 SM을 찾아왔으니 요원들 입장에서는 수고를 덜어준 고마운 멤버라고도 할 수 있다.

SM 기지에서 연습생 생활을 하던 소년은 유난히 땀을 많이 흘리고 더위를 잘 탔다. 어느 무더운 여름날, 맹렬히 춤 연습을 하다가 아이스크림을 사오는 '사다리 타기' 내기를 했는데 소년이 걸리고 만다. 그런데 소년이 사온 아이스크림은 더운 날씨 탓에 다 녹아버리고 말았다. 연습생 동지들은 모두 실망하여 기진맥진해 있는데, 화가 난 소년은 물처럼 흘러내리는 아이스크림을 뚫어지게 쳐다본다. 그러자 녹은 아이스크림이 다시 얼어버리는 기적이 일어나는 것이 아닌가! 소년 스스로도 깜짝 놀라는데, 카이가 할 말이 있다며 조용히 소년을 데리고 나간다. 그리고 알게 되는 엄청난 이야기들. EXO planet에서의 기억, 소년이 가진 '결빙' 능력. 물론 평소에 썰렁한 농담으로 주위를 얼게 만들긴 했지만, 그것이 전조였던 것일까? SM 요원들 역시 올 것이 왔다는 반응을 보이고, 이제 소년을 '시우민'이라고 부르기 시작한다.

시우민은 프로필 상 173cm로 단신 라인에 속하는 작은 키에 전반적으로 동글동글하고 귀여운 외모를 가졌지만 귀여운 외모와는 다르게 1990년생으로 EXO 멤버들을 통틀어 가장 맏형이라는 반전을 가진 멤버다. 성격도 애교나 귀여운 것과는 거리가 멀다. 거짓말을 못 하고, 좋은 건 좋고 싫은 건 싫다고 말해야 직성이 풀리지만 멤버들을 배려하는 성격이 장점이기도 한, 솔직하고 깔끔한 소년이다. 또한 원더걸스의 소희와 닮은꼴로도 유명하다. 남자 소희, 여자 시우민이라는 말과 함께 두 사람을 비교한 사진이 화제를 불러 모은 적도 있다. 데뷔 초기 소희의 별명이 '만두'였던 것처럼, 시우민의 별명도 중국식 만두에 해당하는 '빠오즈'다. 다이어트를 통한 엄청난 몸매 변화로도 화제에 올랐던 만큼 통통한 얼굴에 콤플렉스가 있어 초반에는 기를 쓰고 별명을 회피하려고 했지만, 어느새 자신이 EXO-M의 빠오즈를 담당하는 시우민이라고 소개하는 여유도 갖췄다. 덕분에 그의 별명은 대부분 만두와 관련된 것들이다. 냉동만두, 해동만두, 물만두, 찐만두, 만두피 등 바리에이션도 다양하다.

포지션 : 서브 보컬, 서브 댄서, 서브 래퍼
별명 : 만두, 빠오즈(중국식 만두)-관련된 별명 다수, 슈밍
10년 후 예측 : 글로벌 만두 체인의 외식 사업(어릴 때 장래희망이 상인이었고 수학을
잘했음), 여전히 노익장을 과시하는 아이돌

## 첸 : 티 없고 낙천적인 소년, 번개 같은 매력을 뿜내며 노래하다

본명 김종대. 소년은 어릴 적부터 노래 부르는 것을 좋아했다. 누군가 '너 노래 잘한다며?'하고 물어오면 주저하지 않고 그 자리에서 노래를 불러주는, 티 없고 거침없는 소년이었다. **소년은 자신의 노래를 더 큰 무대에서도 부르고 싶다는 생각에 가수의 꿈을 갖게 된다.** 소년이 SM 요원들에게 명함을 받은 것은 고등학교 3학년 때 한 노래대회에서였다.

소년 역시 오디션 직전에 이상한 꿈을 꾸었다. 어딘지 묘하게 익숙한 사람들과 함께 일식을 지켜보는 꿈이었다. 꿈속에서, 그 일식은 굉장히 중요한 무언가라고 생각했던 것 같다. 꿈은 한 번으로 끝나지 않고, 계속해서 이어진다. 마치 판타지 영화처럼 순간이동으로 자신의 앞에 나타났다 사라지는 의문의 한 소년, 그리고 바닷가에 가만히 앉아 파도를 바라보는 자신. 어느 순간, 땅에 손을 대 어떤 기운을 받아들이자 소년은 번개를 부릴 수 있게 된다. 이건 대체 무슨 꿈이지? 혼란스러운 기분으로 오디션장에 들어간 소년은 깜짝 놀란다. 꿈속에서 몇 번이나 보았던 소년 중 한 명, 백현을 그곳에서 만나게 된 것이다. 소년은 놀라운 감정을 숨긴 채, 서로 잘 해보자는 응원을 한다. 꿈속의 사람과 현실의 사람이 우연히 닮을 수도 있는 거니까. 초능력이라던가, 외계인이라던가 하는 이야기를 해봐야 비웃음만 살 뿐이다.

그러나 약 반년 후 SM 기지에 입성한 소년은 자신의 꿈이 단순한 꿈이 아님을 알게 된다. 소년보다 3일 먼저 들어온 백현과, 그를 기다리고 있던 다른 멤버들로부터 모든 이야기를 들었기 때문이다. '번개'를 부리는 능력이 꿈이 아닌 현실임을 이제 안다. 그리고 이제 다른 멤버들과 함께 EXO로서 힘을 모을 것이다. 각오를 다진 그에게 SM은 새로운 이름을 부여한다. 그 이름은 새벽의 빛이라는 뜻을 가진 '첸'. 비로소 그는 첸으로 다시 태어나게 된다.

EXO-M에 속한 첸은, 오랫동안 알고 지내던 댄서 형조차도 그가 한국인인 줄 몰랐을 정도로 중국인 같은 외모의 소유자지만 토종 한국인이다. 사진과 예명만 나오던 데뷔 전 프로모션 시기에도 팬들로부터 '얘는 무조건 중국인일 것이다'라는 오해를 많이 받았다. 첸은 중국에서 활동하는 EXO-M의 멤버이니, 중국인으로 오해받는 것이 오히려 즐겁다고 말한다. 낙천적인 성격과 성실함, 능력처럼 번개 같은 매력을 가졌다. 첸의 장점은 EXO-M의 고음과 메인 보컬을 책임지는 매력적인 목소리다. 백현과 더불어 데뷔조에 들어가서 데뷔까지 도합 11개월이라는 EXO 멤버 전체 중 가장 짧은 연습생 생활을 보낸 멤버지만, EXO 내에서 가장 넓은 음역대를 자랑하는 실력파 보컬이다. 짧은 연습생 생활로 중국어가 서툴러도 EXO-M의 멤버를 자원, 꾸준히 중국어를 듣고 말하려는 노력을 보인다. 이런 성실함까지 매력으로 겸비한 그가 더 넓은 세계를 향해 멋진 목소리를 뽐낼 수 있기를 기대해본다.

포지션 : 메인 보컬
별명 : 첸싱머신(첸+댄싱머신), 첸첸, 첸틀맨(첸+젠틀맨), 비글대장, 종따이(본명 종대를 중국식으로 발음), 찡찡종대
10년 후 예측 : 가수

## 루한 : 한국문화에 심취한 베이징 미소년, 염력으로 중국을 끌어당기다

중국의 수도 베이징 출신이다. 베이징 하이디엔취(北京市 海淀区, 북경시 해정구)에서 초, 중, 고를 나왔는데, 이 동네는 중국 최고의 국립대인 베이징 대학을 포함한 거의 모든 대학과 연구기관이 몰려있고 교육열이 굉장히 높은 지역이라서 부모가 직업적, 경제적으로 뒷받침되는 자녀들이 대부분이다. 특히 루한이 나온 해정(하이뎬) 외국어 실험학교는 사립 명문이라고 한다. 루한의 이름은 사슴 녹(鹿) 날샐 함(晗) 자로 '새벽사슴'이라는 뜻으로, 외모도 꽃사슴을 닮았다. '루(鹿)'씨는 중국에서 보기 드문 희귀 성씨이고 이름도 독특하여, 본명이 마치 아이돌용으로 지은 예명 같다. 꽃사슴같이 여린 느낌의 외모와 달리, 소년은 어려서부터 축구를 무척 좋아하고 잘해서 축구부 주장을 하기도 한다. 평소에도 가수가 되지 않았으면 축구선수가 되었을 거라고 자주 말할 정도로 원래 축구 선수가 꿈이었으나 부모님이 반대했다고 한다.

축구를 좋아하던 소년은 한국의 아이돌도 좋아했다. 초등학생 때부터 H.O.T.를 좋아해서 한국과 한국문화에 관심을 가졌고, 그중 동방신기를 무척 좋아했다. 이렇게 싹튼 한국에 대한 관심과 동경은 소년을 한국으로 이끈다. 다니던 고등학교를 자퇴하고 한국어도 전혀 모르는 상태에서 한국에 온 소년은 한국 문화를 배우기 위해 대학가 아르바이트를 하며 연세대학교 한국어학당을 다닌다. 그러던 2008년 4월의 어느 날, 소년은 명동에서 친구와 쇼핑을 한다. 그날따라 느낌이 이상했고 무슨 일이 생길 것 같은 예감이 들었다. 지나가는 길목마다 누군가 자기를 지켜보고 있는 것 같은 기분에 신경이 바짝 곤두서 있었는데… 그랬다. 어떤 사람들이 자신에게 다가오며 명함을 건네는 것이 아닌가! 그들은 SM의 요원들이었다. 소년은 이런 일이 생길 줄 알았다는 듯이 순순히 그들을 맞이한다. 루한의 고교시절 축구부 코치의 증언에 의하면, 루한은 순간적인 폭발력 등 축구 실력이 출중했으며 무엇보다 축구에 대한 열정과 끈기가 대단했다고 한다. 그때부터 루한의 집중력과 정신력은 남달랐던 것일까? 무작정 한국에 유학을 온 후 명동 길거리에서 SM요원의 눈에 띈 것도 단지 우연이었을까? 모든 것이 마치 예정되어 있었다는 듯 루한은 2010년 SM 기지에 입성해 연습생이 된다. 그리고 이곳에서 소년은 비로소 자신의 능력을 받아들인다.

수많은 쇠구슬들이 바닥에 널려있는 어떤 공간, 루한이 서 있다. 단순한 손동작만으로 구슬을 띄우고 끌어당겼다 멀리 보내는 등 마음대로 가지고 노는 루한. 그의 능력은 바로 염력이다. 그러다가 가만히 들여다본 구슬에선 어떤 장면이 보인다. 6명의 EXO-K 멤버들이 서 있는 저 너머의 세계다. 〈MAMA〉의 뮤직비디오 안에서, 그는 염력을 가지고 있으면서 또 다른 숨겨진 능력인 예지력까지 있는 듯하다. 능력 상관관계에 있는 EXO-K의 카이와 함께 쌍둥이 그룹 구도의 주축이 되는 멤버로, EXO-M 멤버들 중에서 유일하게 EXO-K의 세계를 볼 수 있다. 또한 카이가 순간이동으로 나타나기 전부터 그의 존재를 이미 알고 있었던 듯하다.

루한은 EXO 멤버 중 중국에서 제일 인기 있는 멤버. 루한이 출연한 MBC 〈세 바퀴〉(2013년 11월 2일 방송)를 보면, MC들이 중국의 한 인기투표에서 루한이 약 1억 2천만 표를 얻었다고 소개하며 혀를 내두른다. 인기투표로만 한국 인구의 두 배가 넘는 수치의 표를 얻다니 정말 놀라울 뿐이다. 중국 팬들의 열렬한 지지로 웨이보 신기록을 여러 개 세워서 웨이보 공식 계정에 소개되기도 했다. 나이보다 어려 보이는 동안이지만 90년생으로 시우민과 함께 팀 내 맏형이었다. 사슴처럼 맑은 눈동자와 여자처럼 예쁜 외모를 자랑하지만 루한은 자신이 늘 상남자라고 주장했고, 실제로 SM 연습생이 되기 위해 한국에서 기약 없는 2년을 기다렸을 만큼 강한 정신력의 소유자이다. 부드러움과 강함의 두 가지를 모두 소유한 멤버로 한국에 대한 애정을 많이 드러냈던 그가, 크리스에 이어 두 번째로 엑소를 탈퇴한 중국인 멤버가 되면서 많은 아쉬움이 남는다.

포지션 : 메인보컬, 리드댄서
별명 : 샤오루(중국어로 작은 사슴이라는 뜻), 루루(글자 반복), 김루한(뛰어난 한국어 실력 때문)
10년후 예측 : 가수 겸 배우(중국의 4대천왕 쯤?)

## 크리스 : 캐나다에서 온 장신의 미소년, 비행으로 대륙을 넘나들다

본명은 우이판. 90년생으로 중국 광둥성 광저우 시에서 태어났고, 만 9세 때 캐나다로 이민을 가서 캐나다 국적을 가진 중국계 캐나다인이다. 학생 시절에는 연예계에 별로 관심이 없었고 농구 선수가 꿈이었는데 다리 부상으로 농구를 그만두고, K-pop에 관심이 많은 친구를 따라 2007년 캐나다에서 열린 SM의 글로벌오디션에 참가해 합격하게 된다.

한국이라는 낯선 땅에 와서 5년간의 '연습생' 생활을 하게 된 소년은 멀리 있는 엄마가 너무 보고 싶었다. 언제일지 모를 데뷔를 위해 계속되는 연습에 지칠 때면 엄마 생각이 더욱 간절했다. 그럴 때마다 소년은 빌딩 옥상에 올라가 하늘을 바라보곤 했다. 저 하늘을 날아 바다를 건너 저 멀리 엄마가 있는 곳으로 갈 수 있다면 얼마나 좋을까 라고 생각하던 소년. 어느 날인가, 그날도 소년은 엄마를 그리워하며 빌딩 옥상에서 하늘을 바라보았다. 대낮인데 점점 하늘이 어두워지고 있었다. 달의 그림자에 해가 가려지는 일식이 진행되고 있었던 것이다. 소년은 이상한 기분이 들기 시작했다. 점점 몸이 가벼워지는 것 같고, 바람에 몸을 맡기고 싶은 충동이 일어났다. 혹시 하늘을 날 수 있지 않을까? 태양이 완전히 가려져 빛이 암흑으로 덮였을 때, 바람이 소년에게 훅 다가왔고, 소년은 몸이 공중으로 붕 뜨는 걸 느꼈다. 그날 이후, 소년의 '비행' 능력이 각성되었고 잃어버린 EXO planet에서의 기억이 되살아났다. 이제 그는 '크리스'라는 이름을 갖게 된다.

시크해 보이지만 알고 보면 허당 매력의 소유자 크리스, 187cm의 장신으로 농구 실력이 출중하다. 과거에 고교 농구부 주장으로 활동한 경험이 있으며, 2013년 11월에 방송된 〈출발 드림팀 시즌2〉의 3on3 슈퍼볼 특집에서 맹활약하여 MVP로 선정되기도 했다. 여러 나라에서 생활한 경험으로 영어와 한국어, 중국어 그리고 광둥어까지 치면 4개 국어를 구사하는 언어 능력을 지녔다. EXO에서 주로 랩 파트를 맡았고 EXO-M의 리더를 맡고 있었지만, 제일 먼저 팀을 이탈한 중국인 멤버가 되면서 팬들에게 큰 배신감을 안겨주었다. EXO로 활동 중에도 잠적 사건을 일으켰다는 소문이 있다. 2012년의 데뷔 활동 이후 공백기를 가지던 시기, 캐나다에서 지내던 그가 컴백을 앞두고 3개월 가까이 나타나지 않아 그를 설득해서 한국으로 데려왔다는 것이다. 이때부터 크리스는 양쪽 사이에서 고민했던 걸까? 떠날 것인가 남을 것인가. 팀을 떠나면서 그가 가진 초능력 설정인 '비행' 능력도 무색해지게 되었다. 어쩌면 혹시 그의 비행 능력은 여러 대륙을 오가며 쌓은 항공사 마일리지에서 비롯된 것은 아니었을까….

이제는 EXO의 전 멤버가 된 크리스, EXO 시절 예명 대신 본명인 '우이판'으로 중국에서 활동하고 있다. EXO 시절부터 연기에 대한 관심을 밝혀왔던 대로 중국에서 배우의 길을 걷고 있다. 2015년 2월 개봉한 쉬징레이 감독의 중국 영화 〈유일개지방지유아문지도(有一个地方只有我们知道)〉에서 남자주인공을 맡으며 영화배우로 화려한 데뷔를 한다. 또한 중국 여배우 류이페이와 영화 〈원래니환재저리(原来你还在这里)〉를 촬영하며 촬영장에서 찍은 사진을 웨이보에 올리는 등 근황을 알리기도 했다. 이 밖에도 여러 중국 영화에 캐스팅되었다는 소식이 속속 들리며, 바쁜 나날을 보내는 모습이다.

포지션 : 래퍼, 댄서
별명 : 쿨찮은(쿨한 성격이지만 멤버들에겐 하찮은 취급을 당해서), 구희수(크리스를 한국식으로 바꾼 이름), 凡凡('판판', 우이판의 凡자 반복. 중국어 발음으로 fan fan)
10년후 예측 : 영화 배우

chapter 4

# EXO를 만든
# SM이라는
# 과학 기지

연습생, 작곡 캠프, 음원 데이터베이스, A&R팀, 퍼포먼스 디렉터와 비주얼 디렉터 등, SM은 어떤 기획사보다 먼저 이런 시스템을 구축했다. 다른 기획사에서는 아마 엄두도 내지 못할 그들만의 아이돌, 콘텐츠 기획 시스템일 것이다.

칼럼라이터_크리스

## SM의 연습생 시스템

SM의 연습생은 다양한 갈래의 오디션 및 캐스팅을 거쳐 선발된다. **국내외 온오프라인을 모두 포함해 매년 30만여 명이 오디션을 보고, 그중 연습생으로 발탁되는 이는 한 자릿수 정도로 수십만 대 일의 경쟁률을 뚫은 것이다.** 오디션 지원자 중에 옥석을 가려내는 일을 주요 업무로 하는 SM의 신인개발실에는 아티스트 기획팀장을 필두로 10여 명의 직원이 캐스팅과 트레이닝을 담당하고 있다. 이수만 회장과 10년 이상 함께 일한 베테랑 직원들이 이 신인개발실에 상당수 포진되어 있다고 한다.

정기적으로 매주 토요일 SM 청담동 본사에서 공개 오디션이 열리고 있으며 이를 통해 '소녀시대'의 윤아, '슈퍼주니어'의 희철, '샤이니'의 태민 등을 발굴했다. 뿐만 아니라 SM USA에서 매주 토요일, SM JAPAN에서 매달 한 번씩, 중국에서는 3개월에 한 번씩 오디션이 있다. 2006년부터는 연간 1~2회 방학 때마다 미국, 캐나다, 태국, 말레이시아, 중국, 한국, 일본 등지에서 글로벌 오디션을 열고 있으며,

이를 통해 '슈퍼주니어'의 헨리, 'f(x)'의 빅토리아와 엠버, 'EXO'의 크리스를 캐스팅했다. 수십 명의 SM 연습생 중 외국인 비율이 50%나 된다고 하니, SM이 그만큼 글로벌 인재와 시장에 관심을 두고 있다는 걸 알 수 있다.

SM의 트레이닝 시스템은 개인의 적성과 능력에 따라 맞춤형으로 이루어진다. 노래, 춤, 언어, 스피치, 예절 교육을 비롯해서 고민과 정신상담 등 세심한 보살핌도 받는다. SM 연습생이 진정한 아티스트로 거듭나기 위해서는 평균 3~5년 정도 이러한 교육과 훈련을 거치며, SM은 스타 육성에 연간 50억 원 이상의 비용을 투자한다고 한다. 그러나 모든 연습생에게 데뷔 기회가 주어지는 것은 아니다. 트레이닝을 받는 연습생들 중에도 낙오자는 생기기 마련이고, 고생 끝에 데뷔한다 해도 오랜 시간이 걸리는 경우가 다반사다. 연습생으로 오랜 기간 트레이닝을 거치고도 회사의 기획과 시기가 잘 맞아떨어져야 비로소 데뷔 준비하는 팀에 합류할 수 있는 것이다. 데뷔하기까지의 과정이 그야말로 낙타가 바늘구멍 통과하기보다 어렵다.

EXO 멤버들만 보면, 수호가 7년으로 연습생 기간이 가장 길었고, 상당수의 멤버가 5~6년 정도의 연습생 기간을 거쳤다. 반면, 백현과 첸의 경우는 연습생 기간이 1년 정도로 뒤늦게 합류한 경우다. 아마도 EXO라는 프로젝트의 큰 그림을 그려놓고 오랫동안 기획을 하면서 멤버 구성도 기획에 맞춰졌으리라 본다. SM

소속 가수들이 종종 그랬듯이 데뷔 전의 EXO 멤버들은 연습생 신분으로 다른 SM 가수들의 무대에 서기도 했다. 샤이니의 공연 때 연습생이던 레이가 샤이니 멤버 종현 대신 투입된 일도 있었고, 데뷔하기 얼마 전인 2012년 초에는 패션잡지 W의 화보를 소녀시대와 함께 찍기도 했다.

뮤직캠프

2011년 10월 이수만 회장은 한 인터뷰에서 SM이 준비 중인 신인에 대해 조금 구체적으로 언급한다. 똑같은 콘셉트로 중국과 한국에서 동시에 같은 곡을 부르는 가칭 M1과 M2라는 팀이 데뷔 준비를 하는데, **이들의 타이틀곡을 위해 8월 덴마크와 노르웨이에서 전 세계 작곡가 50여 명이 모여서 3~6일간 SM 엔터테인먼트를 위한 곡을 쓰는 행사인 '뮤직 캠프'를 개최했다고 한다.** 이때 SM 측이 M1과 M2를 보여주고 원하는 콘셉트를 이야기하고 리듬을 들려주면 작곡가들이 자유롭게 곡을 창작하는 행사를 두 차례나 했는데도, M1과 M2의 타이틀곡을 고르지 못했다고 말한다. 이수만 회장이 말한 프로젝트명 M1과 M2는 데뷔 전인 EXO-K와 EXO-M을 칭한 것으로 보인다. 경비를 다 날린 셈이지만, 우리는 늘 그런 짓을 해왔다며 여유를 보이는 이수만 회장. 이 대목에서 좋은 곡을 뽑기 위해 투자를 아끼지 않는 SM의 마인드를 엿볼 수 있다. 이수만 회장이 '뮤직 캠프'라고 말한 행사는 작곡가들을 위한 '라이팅 캠프'라고 부르는 것이 좀 더 명확할 듯하다.

이전에도 SM은 전 세계의 작곡가들을 대상으로 한 컨퍼런스나 송 라이팅 행사를 여러 번 해왔다. 2011년 6월에 〈'2010~2012 한국 방문의 해 기념' SM TOWN LIVE WORLD TOUR in PARIS〉 공연과 더불어, 유럽의 작곡가와 퍼블리셔 50여 명을 대상으로 한 컨퍼런스를 파리 시내의 한 호텔에서 개최한 바 있다. 이 행사에서 SM의 프로듀싱 및 한류, SM의 음악 제작과정의 시스템과 특성에 대해 이수만 회장이 직접 스피치를 하고 참가자들은 기립박수로 화답한다. 이날 마이클 잭슨, 레이디 가가 등의 앨범을 프로듀싱한 세계적인 프로듀서 테디 라일리, 유니버셜 뮤직 퍼블리싱 스웨덴의 대표인 펠르 리델을 비롯해 소녀시대 〈소원을 말해봐〉를 작곡한 작곡가 그룹 디자인뮤직, f(x)의 〈피노키오〉를 작곡한 알렉스 캔트렐 등도 행사에 참석했다. 이 컨퍼런스에서 마침 SM과 음악 작업을 하고 있던 테디 라일리가 스피치를 한다. 그는 SM과 음악작업을 하면서 K-pop에 흥미를 갖게 되었다며 "SM TOWN LIVE 파리 공연을 보니, SM의 음악을 필두로 한 K-pop은 하나의 현상이라는 생각이 들었다."라고 말한다. 유럽 현지에서 K-pop을 즐기는 유럽 팬들, SM의 아이돌을 보며 괴성을 지르고 울먹이는 십대 팬들을 보면 가히 하나의 현상이라 하기에 충분할 것이다.

테디 라일리는 소녀시대의 세 번째 정규앨범 〈The Boys〉(2011년 10월 발매)의 타이틀곡을 작곡하고 프로듀싱한 이래로 SM과 꾸준히 인연을 맺어오고 있으며,

EXO의 곡에도 작곡가로 이름을 올렸다. EXO의 첫 미니앨범 〈MAMA〉의 수록곡이며, 정식 데뷔 전 공개한 프롤로그 싱글이기도 한 〈왓 이즈 러브(What Is Love)〉가 바로 테디 라일리와 유영진이 합작한 곡이다.

SM은 해외 작곡가 및 퍼블리셔들을 위한 컨퍼런스나 송 라이팅 캠프를 해외에서 지속적으로 개최해 SM의 음악 스타일을 알리고 네트워크를 구축하는 행보를 이어간다. 2012년 1월에도 SM은 중국 베이징에서 현지 작곡가와 작사가들을 대상으로 컨퍼런스를 개최했다. 컨퍼런스가 열린 베이징 시내의 한 호텔에는 중국의 작곡가 및 작사가 100여 명이 참석해 SM에 대한 높은 관심을 보인 바 있다.

SM이 곡을 모집하는 방법의 하나로 유럽에서 '라이팅 캠프'를 개최하듯이, 청담동의 SM 사옥에서도 작곡가 캠프를 연다. 2014년 1월에도 약 2주에 걸쳐 라이팅 캠프를 열고 SM과 인연이 깊은 프로듀서 테디 라일리를 초청해 그를 중심으로 국내외 작곡가 10여 명이 함께 음악을 만드는 자리를 가졌다.

SM 소속 작곡가들이 만들어내는 음원으로 만족하지 않고 전 세계 작곡가들이 만들어 내는 음원을 선택하여 데이터베이스화할 수 있는 작업의 장이 바로 라이팅 캠프인 것이다. 유럽 작곡가들을 위해 유럽 현지에서 캠프를 열고, 때로는 해외의 프로듀서를 초청해 한국의 SM 사옥에서도 라이팅 캠프를 연다. 이런 작곡

캠프는 바로 직접적인 데이터베이스를 만들어 낼 수 있는 실천의 전략이자 다른 기획사에서는 아마 엄두도 내지 못할 그들만의 음반 기획 시스템이다.

## SM이 보유한 수천 곡의 음원 데이터베이스

**음반 기획사에서 제일 필요한 것들은 노래를 부를 가수나 가수들이 불러서 히트시킬 수 있는 노래(음원)이다.** 가수들이야 어릴 때부터 스카우트해서 열과 성을 다해 막대한 자본을 투자하여 만들 수 있다고 치자. 하지만 이들이 불러서 히트시킬 수 있는 음악 산업의 정수인 노래는 어디에서 확보해야 하는가? SM은 유영진이라고 하는 걸출한 작곡가가 있고 몇몇 안정적인 작곡을 해내는 작곡가도 있다. 하지만 여러 그룹의 앨범을 거의 동시에 출시한다고 할 때 모든 작곡가가 눈 코 뜰 새 없이 바쁠 것이다.

앨범 출시 시기를 미리 정해놓은 상태에서 작곡가가 작업 기일을 맞춰야 하는 것은 의무이다. 예를 들어 A라고 하는 기획사에서 작년에 대박을 낸 노래의 작곡가인 청담동 해골에게 앨범 작업을 의뢰했다고 치자. 거액의 계약금까지 주고 작곡을 발주했던 A회사의 사장과 아이돌은 노래만 나오길 기다리고 있다. 그러나 이때, 청담동 해골은 애인에게 실연을 당해 술김에 그간 만들어놓은 모든 음원을 삭제해버렸고 잠수를 타버렸다. 연락도 안 되고 수배도 안 되는 상황에서 기획사 대표는 무엇을 할 수 있을까? 투자받은 거액의 금액을 아이돌과 음악에 투자하고 이제 앨범 출시와 데뷔무대만 남은 상태이다. 절망적이지만 기획사의 대표는 거의 패닉 상태로 대충 만든 원하지도 않은 노래라도 취입해서 앨범으로 만들어야 하고, 흥행 성적은 불을 보듯 뻔한 것이 된다. 이러한 악몽 같은 시나리오를 최소화하여 안정적으로 가져갈 방법은 없는 것일까.

SM은 이 점을 대단히 중요시하는 듯하다. 좋은 음원을 데이터베이스화해서 분류하고, 그것을 토대로 각 가수의 특성에 맞고 시대적 요구에 부응하는 음원을 적확한 시기와 타깃을 잡아 음반 시장에 내놓을 수 있는 시스템이 있다면 그것은 큰 장점일 것이다. 그리고 위의 예처럼 한 사람에 의존해서 얻어질 수 있는 최악의 결과를 만들지 않아도 된다.

SM의 작곡가 군단을 보면, 초기부터 작곡을 맡았던 유영진 이사를 비롯해 하나둘 영입된 작곡가들이 전속으로 활동하고 있으며 여기에 글로벌한 작곡가들이 가세하며 계속 스펙트럼을 확장 중이다. 한두 명의 스타 작곡가에 의존하는 타 기획사와 달리 해외 작곡가들과 대규모로 라이센싱을 하여 협업을 하고 있으며 이들의 수가 자그마치 300여 명이 넘는다. SM 측은 특히 스웨덴과 노르웨이 등 북유럽 작곡가들의 곡이 신선해 많이 공급받고 있다고 밝힌 바 있다. 최근에는

K-pop의 영향력이 커지면서 과거 그들에게 곡을 요청했던 것과 달리 외국인 작곡가들이 직접 곡을 가지고 올 정도라고. SM의 프로듀싱은 국내시장이 아닌 세계시장에 맞춘 월드와이드 콘텐츠를 생산하는 것이다.

초기에는 많은 투자비용이 들었겠지만 이를 차곡차곡 쌓아 데이터베이스화하고 시스템으로 정착시켜 SM이라는 회사의 자산이자 힘으로 만들었다. 얼핏 비논리적이며 즉흥적으로 여겨지는 음악 제작 과정에서, 위험도를 낮추는 논리적인 방식의 시스템인 듯싶다. 이수만 회장은 'CT(Culture Technology)'라는 자신이 칭한 용어를 컨퍼런스 등을 통해 종종 소개한 바 있다. 이와 같이 문화를 산업의 영역에서 기술로 접근하는 방식, 발상 자체가 꽤 과감하고 선도적으로 느껴진다.

SM은 이미 수천 곡의 음원을 보유하고 있는 내부 데이터베이스 시스템을 갖추고 있다. 어떤 기획사보다 먼저 이런 시스템을 구축했다. 계속되는 그들의 작업으로 음원 데이터베이스의 보유 곡수는 늘어날 것이다. 그것은 아마도 할리우드 시스템을 모방한 것이라 생각된다. 전 세계에서 양질의 콘텐츠를 수집하여 그들의 것으로 생산해내는 거대 시스템 말이다.

## SM의 'A&R' 팀

SM 엔터테인먼트는 'A&R팀'이라는 프로듀싱 전략팀을 가동한다. A&R은 'Artist & Repertoire'의 약자로, SM 소속 가수들에게 가장 잘 맞는 곡을 뽑아내기 위한 팀이다. 곡 수집과 선별 등을 주요 업무로 하는 SM의 A&R 팀원은 10명 내외로 각 아티스트별 담당제로 운영된다. 가수에게 맞는 곡 콘셉트를 정하고 춤과 뮤직비디오의 방향도 이 팀에서 결정한다. SM은 1990년대 중반 국내 최초로 프로듀싱 공정에 A&R 개념을 도입해 확고하게 시스템화시켰다. 특히 '레퍼토리' 영역에서 국내 기획사 시스템을 업그레이드했다고 볼 수 있다.

A&R팀 컴퓨터의 '인터내셔널 A&R 맵'에는 세계지도 위로 작곡가 400여 명의 프로필이 위치와 함께 표시된다. 회의실에서는 미국에 있는 유명 프로듀서 테디 라일리와 실시간으로 화상회의를 하는 풍경도 볼 수 있다. A&R 팀은 이수만 대표 프로듀서 직속으로 운영되며, 사옥의 최고층에서 회의를 여는 SM의 두뇌다. 일주일에 전 세계에서 150~200개의 데모곡이 들어오면, A&R팀 전원이 모든 곡

을 채점하여 높은 점수를 받은 상위 10곡 정도만 회의 안건으로 올라간다. 이렇게 A&R팀에서 철저한 사전 분석을 하고, 사실상 이수만이라는 단 한 명의 프로듀서가 최종 결정을 하는 시스템이다.

A&R팀의 운영으로 SM은 다른 기획사보다 한발 앞서 해외에서 곡을 수집하여 K-pop의 세계화에 앞장설 수 있었다. 1998년에 이미 S.E.S.의 〈dreams come true〉 음반에 처음으로 '리스토 아시카니'라는 해외작곡가에게 곡을 의뢰했다. 때로는 좋은 작곡가를 찾아 유럽의 시골마을까지 간다. 특히 유럽 작곡가들의 음악이 한국적인 정서와 맞아떨어져 이들을 선호하는 편이다. 하나의 좋은 곡을 고르기 위해서는 선택의 폭을 넓혀야 하기에 해외에서 노래를 수집하는 것이고, 한국 시장만이 아닌 세계 시장의 소비자 기호에 맞는 보편적인 팝을 지향한다. 댄스음악을 많이 제작하는 이유도 가사에 영향을 덜 받아 언어를 뛰어넘을 수 있기 때문이다.

A&R팀은 수년간 EXO 멤버들과 호흡하며 어떤 멤버가 어떤 목소리를 가졌는지 전부 파악하고 있다. 이를 바탕으로 한 곡을 가지고도 각자의 베스트가 나올 때까지 다시 부르고 믹스해서 모니터링하고 다시 부르는 과정을 계속했다. 이런 과정을 거쳐 12명의 보이스 컬러를 한 곡에 녹여내 완성도 있는 곡을 뽑아낼 수 있었다. 이렇게 A&R팀의 탄탄한 분석력과 프로듀싱을 토대로 탄생한 것이 〈으르

렁〉이 담긴 EXO의 정규 1집이다. 이 앨범은 프로듀서, 작곡가, 비주얼 디렉터, 스타일리스트, 안무가, 홍보까지 전부 다 합이 잘 맞은 성공 사례인 것이다. EXO라는 그룹 자체도 SM이 지금까지 쌓아왔던 노하우가 전부 녹아들어 간 그룹이라 할 수 있다.

EXO에 대해 H.O.T., 동방신기에 이어 SMP의 전통을 잇는 그룹이라고들 한다. SMP는 SM Music Performance의 약자로, 어떤 이는 강렬한 기타 리프 위에 사회 비판적인 가사를 얹은 퍼포먼스용 음악이라고 정의하기도 하지만 딱히 어떤 장르나 스타일이라고 하기 어렵다. SM A&R팀의 이성수 실장은 SM에서 나온 모든 음악이 SMP이라고 말한다. 가사에서는 아티스트의 자아나 시대상을 반영하고, 음악은 퍼포먼스를 보여주기에 적합한 '음악적 구조', '박자', '멜로디'를 갖추고자 한다는 것이다. 이러한 음악적 요소와 가사는 모든 SM 아티스트들의 프로듀싱 방향이다.

1998년부터 SM에서 아르바이트로 일하기 시작해 2005년에 정식 입사한 A&R팀 이성수 실장은, 음악을 전공하지는 않았지만 A&R팀의 프로듀싱 업무를 위해 독학으로 음악을 공부했다. 한 인터뷰에서 그는 어떤 노래가 좋으면 그 노래가 왜 좋은지에 대해 기술적으로 접근하고 그 기술을 산업화시키는 것이 SM이 주창하는 CT라고 말하며, 이런 SM의 기술에 큰 자부심을 드러냈다.

## SM의 퍼포먼스 디렉터

SM의 퍼포먼스 디렉터는 SM 소속 아티스트들의 안무, 뮤직비디오, 무대 공연 등 퍼포먼스를 총괄한다. 유명 안무가에게 안무를 의뢰해서 받으면 그것을 아티스트에게 맞도록 다듬고, 아티스트들과 계속 소통하며 완성도를 높이며, 뮤직비디오 촬영 시 카메라 워크를 조정하는 일까지 한다. 안무가는 아니지만 안무를 논의하고, 뮤직비디오 감독은 아니지만 뮤직비디오의 시안을 만들기도 하는 SM의 퍼포먼스 디렉터 심재원과 황상훈. 이들 또한 15년 넘게 SM이라는 한 회사에 있으면서 가수 '블랙비트'로, 일렉트로닉 밴드 '비트버거'로, 퍼포먼스 디렉터라는 직함으로 신뢰를 쌓아왔다. 가수 활동 경험을 통해 가수의 퍼포먼스와 무대 매너를 살리는 데에는 적격이었고, 16년을 동고동락했던 터라 두 사람은 호흡이 척척 맞는다. 다양한 가수들의 안무를 소화하고 최고의 퍼포먼스를 끌어내기 위해서는 춤뿐만 아니라 영상이나 트렌드까지 파악해야 한다. 황상훈이 춤을 깊이 있게 연구하는 편이라면, 심재원은 생각의 전환을 위해 스토리텔링이 있는 작품을 찾아보고 전시회를 찾아 그림도 많이 본다고 한다. 이렇게 서로 다른 면에서 보완되는 두 사람이 SM 소속 아티스트의 퍼포먼스를 한층 더 완성도 있게 끌어올리는 역할을 하고 있는 것이다.

이들의 합은 〈으르렁〉 뮤직비디오에서 빛을 발한다. 360도로 보이는 〈으르렁〉 뮤직비디오 시안을 내놓았을 때, 회사 내 의견은 엇갈렸다. SM 대형은 정면에서 전체를 봤을 때 멋지게 보여야 한다는 어떤 암묵적 룰이 있었다. 그것을 깨는 게 쉽지는 않았지만, 결과는 성공적이었다. 안무의 효과가 극대화되는 방법으로 원 테이크를 제안했고, 서로 배틀하듯 카메라가 상대팀의 시선처럼 보이는 뮤직비디오는 신선했다.

〈으르렁〉 안무는 세계적인 유명 안무가 닉 베이스가 보낸 것이다. 그의 안무는 장신의 근육질 백인 댄서에 어울릴 법한 '상남자'스러운 것이었다. 그래서 이 안무를 아시아 소년들인 EXO에 맞게 조정했다. "수컷" 느낌은 가져가되, 교복을 입고 '끼 부리는' 춤으로 조정한 것이다. 소년과 남자 사이의 어딘가에서 쿨하게 간지 잡고, 끼 부리는 EXO 멤버들의 모습. 이것은 제대로 먹혀 10대뿐만 아니라, SM 아이돌에 큰 관심이 없었던 20대 여성들도 빠져들게 하였다. 〈으르렁〉 한 곡에만 퍼포먼스 버전이 10가지가 넘는다고 한다. 한국어와 중국어 버전, EXO-K와 EXO-M 버전, 원 테이크 버전과 무대 버전 등으로 당사자들도 헷갈릴 정도로 버전에 따라 퍼포먼스의 대형과 디테일이 조금씩 달라진다.

칼 같은 군무, 웅장한 스타일, 화려한 대형 체인지가 SMP의 특징이며 흔히 H.O.T., 동방신기, EXO를 SMP의 전통 라인이라고 하는데, 퍼포먼스 디렉터는 이를 부인하며 SMP는 정석이 없고 SMP의 정의를 내려 본 적도 없다고 한다. 그저 SM 아티스트들이 하는 퍼포먼스를 SMP라고 해두자며.

## SM의 비주얼 디렉터

SM에는 소속 아티스트의 앨범을 비롯한 시각 이미지를 총괄하는 디렉터가 있다. 과거에는 어떤 아이돌 그룹이 앨범 활동을 하면 재킷 촬영, 디자인, 스타일리스트 등을 다 제각각 외주를 구해서 하는 식이었다. 여전히 여느 기획사에서는 이런 방식으로 디자인을 외주에 발주하는 경우가 많다. SM은 사내에 디자인 팀을 두고 소속 아티스트 및 음반의 시각적인 콘셉트를 체계적이고 통일성 있게 가져간다. **SM에서 나오는 앨범의 콘셉트에서부터 디자인뿐만 아니라 무대 의상, 뮤직비디오 등 파생되는 전반적인 시각 이미지를 10년 넘게 총괄하고 있는 이가 있으니 바로 민희진 비주얼 디렉터이다.** H.O.T., S.E.S. 등 1세대 아이돌 시절에 아이돌의 얼굴을 강조하는 것 위주의 단순한 느낌에서 요즘의 세련된 느낌으로 SM의 이미지를 격상시키는 데 큰 역할을 한 장본인이다.

한 매체와의 인터뷰에서 민희진 실장은 2002년 공채로 SM에 입사할 당시만 해도 유행가에 관심이 없어서 아이돌도 잘 모르고 재즈나 제3 세계 음악을 주로 든던 터라, SM 입사가 오히려 재미있겠다고 생각했다 한다. 대중 미술을 전공한 만큼 대중들과 소통하고 싶었고, 한국의 '아이돌'이라는 특화된 장르를 통해 자신이 의도한 작업들을 선보인다면 아이러니하면서도 짜릿한 일이 될 거라 기대했다 한다. 누가 시킨 것도 아닌데 그녀는 지난 몇 년간 후드를 뒤집어쓴 트레이닝복 차림으로 출근해 종종 회사에서 자면서 일을 했다. 일과 생활을 따로 구분하지 않을 만큼 일이 즐거웠고, SM이라는 곳은 그녀가 즐겁게 일할 수 있는 터전이었다는 것이다. 외부에서 보기엔 견고한 시스템을 갖춘 음악 공장처럼 보이는 거대기획사 SM을 그녀는 순수하고 열심인 조직이라 말한다. 여느 이익 집단보다 인간적이고 순수하다며 SM에 대한 외부의 이미지에 조금은 의아함을 느낀다고 한다.

SM 소속 가수의 일관된 이미지를 구축하기 위해 콘셉트에서부터 스타일링, 무대 의상, 앨범 커버, 사진가 선정 등에 직접 관여한다는 그녀. 단순히 세련된 레이아웃을 보여주는 것이 아니라 아이돌의 시각 아이덴티티를 어떻게 투영할지를 제일 많이 고민한다고 한다. 이를테면 샤이니의 〈로미오〉 앨범에서는 앨범명도 제안하고, 의외성을 살린 자유로운 작업을 위해서 메이저 사진가가 아닌 낯설고 새로운 작업을 하는 사진가를 섭외했다고 한다. 전체적인 정체성과 방향성을 잡아야 하는 기획자이자, 비주얼 작업자, 때로는 마케터가 되기도 한다.

EXO의 데뷔 앨범에서는 멤버들이 갖고 있는 섹시함과 풋풋함이 공존하는 본연의 캐릭터를 부각시키려 했다고 한다. 그래서 〈으르렁〉을 처음 듣고 교복을 떠올렸고, 〈늑대와 미녀〉의 '늑대'라는 캐릭터도 '늑대=남성성=소년의 열정'으로 치환해 생각했다고 한다. 치기 어린 열정 가득한 소년의 감성이 늑대가 가진 속성과 잘 맞는다는 생각에서였다. 이는 바로 맞아떨어져 'EXO'라는 그룹을 대중에게 강렬히 각인시키며 빅히트를 치게 된다.

교복을 입고 〈으르렁〉을 부르며 군무를 추는 EXO 멤버들을 보면, 자신의 이름이 적힌 명찰을 교복에 부착하고 있는 것을 알 수 있다. 그렇게 각 멤버들을 구분하며 보다 보면 저마다 다른 매력과 차이를 발견하는 재미도 있다. 또 무대에 따라 어떤 때는 댄디한 이미지의 교복, 어떤 때는 복고풍 교복 등 같은 교복 콘셉트 안에서도 스타일링에 변화가 있다. 나아가 야구복 같은 운동복 유니폼을 입기도 한다. 학교라는 큰 콘셉트 아래 또 다른 변형을 준 것이다. 민희진 디렉터는 공부도 잘하고 운동도 잘하는 학교의 멋진 선배나 후배가 떠오르도록 했다고 한다. 매번 다른 모습으로 다채로운 매력을 발산하는 12명으로 꽉 차는 무대를 이렇게 저렇게 뜯어보다 보면 화면에서 눈을 뗄 수 없다. 빅히트를 친 〈으르렁〉 무대에서 최고의 셀링 포인트는 바로 끼와 매력을 뿜어내는 멤버들이었다고 민희진 디렉터는 말한다.

## EXO의 브랜드 아이덴티티

2011년 겨울, 아직 데뷔하지 않은 'EXO'라고 하는 SM의 신인 아이돌 그룹의 티저 영상은 지겨울 정도로 줄줄이 이어져 나왔다. 무려 100일이나 이어진 이 프로모션 기간 동안 티저 영상과 함께 마지막에는 항상 같은 장면이 반복해서 나왔다. 'From. EXO PLANET'이라는 문구와 함께 삼각형, 사각형의 입체 도형이 뱅글뱅글 돌다가 직선 두어 개를 이용해 분리된 형태의 육각형으로 변하는 장면. 이 육각형의 검은색 도형이 때로는 하트로, 원으로, 테두리의 역전으로, 또는 미로로 자유자재로 변환되는 EXO의 로고다. 길었던 프로모션 기간에 이어 2012년 4월 데뷔하던 시기에 EXO를 알게 된 사람이라면, 자연스럽게 그들의 이 로고를 떠올리게 된다.

**EXO의 영문 스펠링을 함의하고 있는 이 육각형의 도형은 그룹 EXO의 심볼이며 로고이다.** 앨범의 성격과 스타일에 따라 여러 형태로 변하지만 기본적인 뼈대는 남아있으며, 팬들은 그 간단한 형태만으로도 EXO에 대해 떠올리고 말할 수 있다. 마치 우리가 사과 모양의 심볼을 보면서 자연스럽게 애플 컴퓨터와 스티브 잡스를 연상하듯 말이다. EXO는 무대에 설 때, 이 로고와 함께 그들 각자의 정체성을 상징하는 엠블럼을 착용한다. 때로는 옷에 프린트되기도 하고, 스티커나 액세서리 등으로 다양하게 활용할 수도 있다. EXO의 팬들 역시 굳이 자기가 좋아하는 아이돌이 누구라고 말하지 않아도, 이 육각형 도형을 따라 그리거나 이것을 변형한 액세서리를 착용함으로써 EXO의 팬이라는 것을 충분히 드러내고 팬덤의 소속감을 느낄 수 있다.

2014년 1월, SM 엔터테인먼트가 '독일 IF(International Forum) 디자인 어워드 2014'에서 4관왕을 차지했다는 소식이 전해졌다. 독일의 IF 디자인 어워드는 독일과 싱가포르의 Red Dot, 미국의 IDEA(International Design Excellence Awards)와 더불어 세계 3대 디자인 어워드이며, 가장 오랜 전통과 규모를 자랑한다. 1953년에 시작된 이 어워드는, 독일 하노보에서 열리며 연평균 40여 개국에서 2,000여 개의 작품이 접수된다. 디자인계의 오스카상이라 빗대어지기도 하는 이 어워드에서 SM은 패키징 디자인 부문에서 3개, 커뮤니케이션 디자인 부문에서 1개의 상을 받았다. 소녀시대의 정규 3집 〈더 보이즈(The Boys)〉 앨범과 정규 4집 〈아이 갓 어 보이(I Got aa Boy)〉 앨범, EXO의 정규 1집 〈XOXO(Kiss & Hug)〉 앨범이 패키징 디자인 부문에서 수상했으며, EXO의 BI(Brand Identity) 디자인이 커뮤니케이션 디자인 부문에서 수상했다. 한국 엔터테인먼트 기업이 가수의 BI

및 음반 패키지 디자인으로 수상한 것 자체가 처음 있는 일이다.

주목할 만한 것은 EXO가 브랜드 아이덴티티(BI) 디자인으로 상을 받았다는 점이다. 브랜드 아이덴티티 디자인은 제품이 아닌 브랜드의 메시지를 시각적으로 디자인해 전파하는 것이라 할 수 있다. 이를 통해 브랜드의 통일된 이미지를 구축하고 다른 브랜드와 차별화시켜 시장에서의 경쟁력을 강화시킨다. 나이키, 애플 등을 떠올리면 쉽게 이해할 수 있을 것이다. 확실히 EXO의 로고는 한눈에 들어오며 참신한 느낌을 준다. 그 시각적 요소만으로도 호기심과 호감을 주기에 충분하다. 이제 아이돌도 시장에 나오는 하나의 브랜드이며 이를 위한 커뮤니케이션 디자인도 치밀하게 기획되며 우수해지고 있다는 것을 EXO를 통해 실감할 수 있다. 특히 SM이 신사동 가로수 길에 EXO의 굿즈샵인 'BWCW'를 오픈했을 정도로 아이돌 산업이 폭넓게 확장되는 것을 보면, EXO의 로고는 훌륭한 마케팅 성공 사례가 될 수 있을 것이다.

chapter 5

트디어
EXO 출격

데뷔 초반 사람들에게 EXO에 대해 물으면 그게 무엇이냐는 반응이 돌아올 정도로 대중적 인지도는 얻지 못하고 있었다. 정통 SMP 그룹으로서의 정체성과 신비주의에 치우쳐서 대중성을 놓친 것이라고 할 수 있다. EXO-K의 경우, 음원 차트 성적이 말해주는 대중의 반응은 미약했으나, 대중성 보다는 팬덤이 강한 팬덤형 아이돌이라는 특성을 내세워 이들이 주력한 것은 팬사인회 등 이미 형성된 팬덤을 위한 것이었다.

# 마징가Z_레이

## SMP로 무장한 데뷔 무대

2012년 4월 8일, EXO는 음원사이트에 타이틀곡 〈MAMA〉를 선공개함과 동시에 방송을 통한 첫 데뷔 무대를 가진다. 많은 사람들의 기대 속에 EXO-K는 〈SBS 인기가요〉에서, EXO-M 또한 같은 날 중국의 음악 시상식인 〈음악풍운방〉에서 데뷔 무대를 선보인다. 다음날인 9일에는 데뷔 미니앨범 〈MAMA〉를 발매한다.

〈SBS 인기가요〉에 처음 등장한 EXO-K의 수호, 찬열, 백현, 디오, 카이, 세훈 여섯 멤버들의 모습은 전반적으로 준수한 인상을 주었다. 무대를 선보이기 전 MC와 간단한 인터뷰를 하는데, 이때 디오가 곡 소개를 하면서 잔뜩 긴장한 듯 말을 더듬고 단어를 잘못 말하는 사소한 말실수를 하기도 한다. 이는 오히려 팬들에게 귀엽다는 반응을 끌어내기도 했다. 이어진 데뷔곡 〈MAMA〉의 무대는 전형적인 SMP 풍이었다. 웅장한 사운드에 중간중간 거친 샤우팅 랩과 비장미 넘치는 멜로디, 난해한 가사 등이 어우러져 꽉 찬 퍼포먼스를 펼쳐 보이는 SM 특유의 스타일 말이다. 멤버들의 의상도 금속성 색감의 반짝이는 재질과 바이크 재킷 등으로 거칠고 강해 보이는 반항아 풍의 남성미가 넘쳤다. 언뜻 H.O.T.의 〈전사의 후예〉가 오버랩 되는 느낌이었다. 춤을 잘 추는 카이가 전면 중심부에서 시선을 확 끌었고, 대형이 움직이며 멤버들 하나하나에 카메라가 클로즈업될 때면 하나같이 예쁘고 잘생긴 남자들을 데려다 놓았구나 하는 생각이 절로 들었다. 데뷔 무대라는 부담감과 긴장감 때문인지 노래와 퍼포먼스에서 무대를 만족스럽게 소화하진 못한 것 같았지만, 방청석에선 '준비된' 팬들이 응원 구호를 외치고 노래를 따라 부르는 등의 뜨거운 반응이 있었다. 팬이 아닌 일반 대중의 입장에서는 "쟤네가 SM에서 나온 신인 아이돌이구나", "화려하다", "노랜 좀 난해한데?" 하는 정도의 느낌이었을 것이다.

같은 날 중국의 〈음악풍운방〉에서 EXO-M의 데뷔 무대는 EXO-K와는 다르게 립싱크였다. 신인답지 않은 노련함으로 무대를 소화하려는 노력이 엿보였다. 중국어로 부르는 〈MAMA〉는 전혀 어색함 없이 중국어라는 언어에 잘 맞아떨어져서 조금 놀라웠다. 이는 앨범에 수록된 EXO-M의 중국어 버전 노래들을 들어보면 모두 그렇다는 것을 알 수 있다. 중국인 멤버들이 자국어로 부르기에 자연스럽기도 하고, SM의 음악 자체가 언어의 다름이 그리 큰 문제가 되지 않는 방향으로 만들어졌다고 볼 수도 있다. 어쩌면 SM이 EXO의 데뷔 타이틀곡으로 뽑은 무겁고 비장한 정통 SMP 스타일의 〈MAMA〉는 오히려 중국어와 중화권의 정서에 더 잘 어울린다는 느낌도 강하게 든다. 그만큼 SM이 중화권 공략에 우선적으로 공을 들이지 않았을까 하는 생각이다. 데뷔 당시, EXO-K와 마찬가지로 6명의 멤버로 이루어진 EXO-M은 레이, 루한, 타오, 크리스라는 중국인 멤버 4명 외에 2명의 한국인 멤버 첸과 시우민이 포함되어 있었다.

한국에서, 데뷔 무대 이후 대중의 반응은 그간의 기대에 비해 썰렁했다. SM의 야심 프로젝트를 기대했던 기존의 SM 팬들마저 실망한 듯했다. 이는 EXO가 데뷔곡으로 들고 나온 〈MAMA〉가 내세운 정통 SMP 스타일 때문인 듯하다. SM이 아이돌 산업에서 차지한 자신들의 막강한 위치에 그만큼 자부심이 강했고, EXO를 통해 그런 SM의 정체성과 자부심을 내세우고자 했던 것 같다. 그러나 〈MAMA〉의 무대는 동시대의 한국 대중들이 받아들이기엔, 그 난해함과 무겁고 장중한 톤에서 조금은 허세스러움이 느껴졌다고 할까? 철 지난 H.O.T. 식의 SMP를 여전히 밀고 있구나 정도로 말이다. 실제로 SM 제국이 흔들리는 것이 아니냐는 논조의 기사가 나오기도 했다. 그러나 데뷔 전부터 준비된 팬들로 인해 팬덤 자체는 아주 견고하게 자리 잡고 있었다. 이런 충성도 높은 팬들, 코어 팬덤 덕분에 팬 사인회, 공개방송 현장 등은 인산인해를 이루었지만 정작 일반 대중들에게 EXO에 대해 물으면 그게 무엇이냐는 반응이 돌아올 정도로 대중적 인지도는 얻지 못하고 있었다.

## 중화권 공략에 나선 EXO-M의 방송 활동

**중화권 시장 공략은 K-pop의 칭기즈칸이 되어 대륙을 정벌하고자 하는 이수만 대표의 원대한 꿈이었다.** 그의 최종 목표는 미국의 할리우드처럼 중국을 중심으로 한 엔터테인먼트 시장에서 SM이 주도하는 아시아의 할리우드를 만드는 것이라고 밝힌 바 있다. 이런 목표 하에 EXO-M은 철저히 중국 시장 맞춤용으로 만들어졌고 키워졌다. EXO-M의 M은 중국 표준어를 뜻하는 만다린(mandarin)에서 따온 것이다. 산업적으로 말하면, 한국의 기술로 제작해 중국 현지에 유통시키기 위해 현지화 전략을 구사한다. 구체적인 전술로 들어가, EXO-M은 중국에서 적극적인 방송 활동을 한다.

중국의 방송 환경을 살펴보면, 공중파에 해당하는 CCTV의 경우 국영 방송이기 때문에 중국 공산당의 관리와 검열 하에 방송되고 있고, 각 성·시·현마다 모두 방송국이 따로 있어 채널이 매우 방대하다. 방송 프로그램도 현대적인 배경의 드라마나 예능 프로그램이 그다지 발전하지 않은 편이다. 드라마의 경우엔 고전물과

항일극에 치중되어 있고 현대물은 상당히 촌스러운 편이다. 중국 대중들에게 한국 드라마가 각광받는 이유이기도 하다. 예능 프로그램이 사람들의 주목을 받게 된 것도 근래의 일이며, 여전히 드라마나 오락보다는 정치, 뉴스, 법률 같은 프로그램의 시청률이 더 높다. 예능 프로그램도 한국이나 대만의 프레임을 모방하여 만드는 것이 많아서, 한국보다 시기적으로 유행에 조금 뒤떨어지며 짝퉁 논란도 불러온다. MBC 〈일밤-아빠 어디가〉의 포맷으로 제작된 후난위성TV의 〈파파거 나아〉나, 〈일밤-나는 가수다〉의 포맷으로 제작된 후난위성TV 〈워셔꺼쇼〉 등은 인터넷으로 쉽게 찾아볼 수 있다. 누리꾼들은 이런 프로그램들을 찾아보고 인터넷 게시판에 중국과 한국의 프로그램을 비교하는 글을 올리기도 한다. 예능 프로그램들이 중국과 한국의 국경을 넘어 유통되고 있다는 반증이다.

EXO-M은 중국의 예능 프로그램에 다수 출연하는 적극적인 행보를 보였다. EXO-K가 데뷔 초기에 음악방송 위주로 활동한 것에 비해 비교되는 점이다. 아마도 중국에선 라이브 공연이나 카리스마 있게 짜인 멋진 무대를 선보일만한 전문 음악방송이 많지 않았던 것도 한 이유인 듯싶다. 또한 넓은 대륙을 공략하기 위해서는 가능한 한 많은 매체에 노출되어 대중에게 얼굴을 알리는 것이 우선이었으리라 판단한 듯하다. 중국 예능 프로그램들의 경우, 국적에 대한 경계가 낮은 편이어서 대만, 홍콩, 중국 출신의 연예인들이 출신에 관계없이 여러 방송국을 오가면서 활동하고, 시청자들도 이에 대해 신경 쓰지 않는 분위기다. 실제로

EXO-M도 중국뿐만 아니라 홍콩 방송에도 출연했다. 유명한 예능 프로그램으로 후난위성TV의 〈쾌락대본영〉 〈천천향상〉, 강소위성TV의 〈비성물요〉 등이 있다. 중국의 인구를 고려하면 이런 인기 있는 방송 프로그램에 출연하는 것은 어마어마한 시청 인구에 노출되는 효과가 있을 것이다. 일례로 중국인들이 설날 연례행사처럼 시청한다고 알려진 CCTV의 설 특집프로그램 〈춘제완후이〉의 2014년 방송은 전 세계 7억 명 가량이 시청했다고 한다.

EXO-M이 자주 출연한 〈쾌락대본영〉은 중국의 유재석이라 불리는 허지웅이 메인 MC로 있고, 데이비드 베컴, 샤킬 오닐 등 해외 스타들도 출연한 적이 있으며, 이민호, 장근석 등의 한류 스타들도 출연한 바 있는 중국 최고 예능 프로그램이다. 여기서 EXO-M의 중국인 멤버들은 당연하게도 MC들과 자연스럽게 중국어로 인터뷰를 한다. 한국인 멤버들도 한두 마디 정도 간단한 중국어를 하며 게임과 퀴즈 등을 즐기는 모습을 보여준다. 중국인 멤버를 내세움으로써 언어라는 장벽을 아예 없는 것으로 만들 수 있다는 사실이 새삼 놀랍고 신선하게 느껴졌다. 이 밖에도 EXO-M은 스촨위성TV의 〈애대가회〉, 강소위성TV의 〈비상불일반〉, 후난위성TV의 〈전력이부〉 〈원소희락회〉 등의 예능 프로그램에 출연했다. 〈전력이부〉는 한국으로 치면 일요일 아침의 〈출발 드림팀〉 같은 프로그램으로 출연자들이 팀을 나눠 체육대회를 하는 형식이다. 이 프로그램에서 EXO-M의 멤버들은 체육복을 입고 달리고 물에 빠지는 등 열심히 몸으로 미션을 수행하며 방송에 임한다. 이렇게 EXO-M은 예능 프로그램에서 친근한 이미지를 어필하며 자연스럽게 중국 연예계에 스며드는 모습을 보였다. 이는 EXO-K가 동방신기의 SMP 전통을 이어 신비감을 유지하며 퍼포먼스에 최적화된 무대를 선보이는 것과는 상당히 다른 모습이다. 당시 EXO-M은 오히려 예능 프로그램에서 자주 활동한 예능형 아이돌 슈퍼주니어의 케이스를 적용한 것으로 볼 수 있다. 이렇게 같은 EXO라는 이름을 갖고 있지만 활동 면에서 서로 다른 방향의 투 트랙 시스템을 가동하고 그것이 동시에 가능한 것을 보면, 다시 한 번 이것이 단순하면서도 뛰어난 아이디어이며 기획임을 절감한다.

## EXO-M은 중국 그룹인가, 한국 그룹인가?

방송을 통해 중국인 멤버가 자연스럽게 중국어를 구사하고 중국어로 노래를 부르는 EXO-M을 본 중국의 대중들은 이들이 과연 중국 그룹인가 한국 그룹인가를 놓고 논란을 벌이게 된다. **데뷔도 중국에서 하고 중국의 매스컴에 계속 노출되며 인터뷰와 방송 위주의 활동을 이어가고 멤버들 스스로도 매스컴을 통해 EXO-M은 '중국을 위한, 중국인 그룹이다'라는 것을 계속해서 강하게 어필했다.** 이를 두고 "그래 봐야 한국 소속사에서 나온 한국 그룹이 중국어로 노래를 부르는 것뿐이다"와 "중국 그룹이다"로 반응이 갈린 것이다. 첫 음반 발표 때에도 음원이나 음반이 중국 노래에 들어가느냐, K-pop에 들어가느냐 등으로 논란은 계속되었다.

2012년 4월 'Yinyuetai'라는 중국 음악 랭킹에서 EXO-M은 1위, 3위, 4위에 각각 〈MAMA〉〈History〉〈What is love〉의 중국어 버전을 랭크 시키는 놀라운 성적을 보여준다. 이 차트를 두고 달린 인터넷 게시판 댓글들을 보면 중국 네티즌들의 반응과 논란을 알 수 있다. 물론 데뷔 때부터 이미 형성되어 있었던 막강한 팬덤에 힘입어 팬들의 찬양 댓글이 대다수를 차지했지만, EXO-M의 차트 상위권 싹쓸이를 외부의 문화 침략으로 보는 시선도 존재했다. 이에 대해 중국의 지나친 자국 문화 보호가 중국 연예계를 뒤처지게 만들었다며, 한국 대중문화의 시장 경쟁력을 인정하자는 의견이 등장해 지지를 받는다. 중국에는 한국처럼 라이브나 공연 위주의 음악 프로그램도 없을 뿐더러, 예능 프로그램도 매우 적어 안타깝다는 반응을 보이며 한국 연예 산업에 대한 부러움도 내비친다. 〈MAMA〉 뮤직비디오에 대한 베스트 댓글 중 하나는 SM 출신 연예인들의 실력을 인정하고 K-pop 스타일을 좋아하지만, 그렇다고 국산(중국산)을 지지하지 않는 건 아니라며 "연예계는 국경이 없다"는 말로 정리한다. 이를 통해 전반적으로 모인 의견은 호의적인 편이었음을 알 수 있다. 또한, 중국 네티즌들의 한국 음악 산업에 대한 분석이나 이성적인 반응들도 꽤 있어 번역된 댓글들을 잠시 소개하기로 한다.

deidarra1995
한국은 한국일 뿐이야. (한국) 시장의 경쟁이 심하다는 점을 부정하는 것 역시 안 된다고 생각해. 치열한 경쟁은 우수한 인간을 배출하지. 매우 간단한 도리로서 (외부 문화 침략에 대해) 보호를 하는 게 반드시 좋은 건 아니라 할 수 있어. 중국의 음악 시장은 시장의 수요에 맞춰야 하고 개선해야 해. 개혁을 원하지 않으면 단지 실패만 있을 뿐이야. 예를 들어 대청제국은 공업 혁명을 원하지 않았고 그로 인해 청제국 말기는 비극의 역사를 맞이하게 되었지. 다른 이의 결점만 봐서는 안 되고, 다른 이의 우수한 점을 봐봐! 그 후에 배워야 해. 스스로를 위해서... 중국의 유행 음악은 세계 음악 시장에서 보면 전혀 알려지지 않았다 할 수 있어. 뿐만 아니라 너희들이 별것 없다고 여기는 한국 음악은 해외 매스컴으로부터 인정을 받은 지 오래야. 다시 중화 쪽 음악 시장을 봐, 약간의 특색조차 없어. 어째서 중국 본토 음악은 저런 음악이 나오지 않는 걸까??

Lee
음악에는 국경을 나눌 수 없는데 중국 음악 시장은 왜 다원화가 잘 안 되는 걸까?

wook
칭다오의 '나는 물고기(그룹 이름)'는 대만의 XX 회사와 계약을 했는데, 사람들은 중국그룹으로 알고 있잖아? 많은 연예인들이 소니, 유니버셜 등 글로벌 컴퍼니와 계약한 상태에서 국내에 들어와 인기를 얻잖아. (그렇지만) 이렇게 많은 애들이 사실 본토인이 아니란 점에 대해 신랄하게 까발리는 것을 본 적이 없어. 저스틴 비버의 유행가는 중국에서 예전처럼 그렇게 인기가 많지는 않아. 물론 우리가 외국인이라 보이콧하는 건 아니야. 슈퍼주니어 M이 중국에 왔을 때, 노래는 중국 음악 차트에 진입했어. 어째서 EXO-M은 중국에 온 지 고작 1개월뿐인데 이렇게 많은 이들이 싫어하는 걸까. 그들은 국제적으로 볼 때 다른 국가로부터 존중을 받아야 해. 설마 우리 중국인 스스로 중국인 그룹을 경멸하는 건 아닌지... 음악은 결국 연예 산업에 속할 뿐이야. 여러 가지 형태로 다양하게 각기 특색에 따라 좋아하는 것만 추구하면 돼. 정치적인 관점까지 굳이 연관시킬 필요가 없어. 자자, 릴렉스하고 음악은 그저 음악일 뿐이야.

许淳
중국의 현재 음악계는 활기 없이 죽어가는 모양이야. 긴 시간이 흘러서야 1곡이 겨우 나오고, 서정적인 노래가 너무 많아.

吸烟的猫女
한류는 날이 가면 갈수록 아시아에서 영향력을 발휘하는 중이야. 심지어 미국의 청소년까지... 그들의 문화적 영향력은 대단히 커졌지. 많은 청소년들이 일본 만화를 접하듯이, 한국의 노래와 드라마는 일본인들에게 숭배를 받고 있어. 너희들은 알아야 해. 과거에 백인들은 아시아인을 깔보고 인간 취급도 안 해줬지만, 한류의 영향과 부분적인 대만 우상극의 영향으로 그들은 아시아인, 특히나 동아시아인들에게 강력한 호감을 나타내고 있는데 내가 인터넷에서 영문으로 된 여러 댓글을 읽어보면 다수의 동남아인들은 어째서 동아시아인들(중국, 일본, 한국)이 그들보다 나은지 묻고는 해. 심지어 그들 눈에는 중·일·한... 특히나 일본·한국(왜냐면 대륙에는 우상극이 없고 그래서 그들은 중국인에 대한 호감도가 일본·한국처럼 그렇게 강력하지 않음)은 백인들보다 더 우수하고 아름답다고 느껴 지나 봐. 어떤 유럽인은 심지어 동아시아인이 되고 싶다는 바람을 피력하기도 했어. 사실 중국도 한류와 같은 걸 잘 응용해서 맹목적인 (한류에 대한) 반감 말고 그들의 장점을 배우고 나중에 한류스타를 이용하고 그들과 합작하면 우리 중국도 저 동풍(일류·한류)에 탑승할 수 있을 거야. 만약 중국도 영화, 드라마를 찍는 데 한류 스타를 초청하면 아시아, 유럽, 미주 등 청소년들도 바로 (중국 영화·드라마를) 알 테고 훗날 중국의 우상극에도 흥미를 나타내겠지. 이러면 중국의 드라마도 다른 국가로 수출할 수 있을 테고, 점점 더 좋아질 거야.

## EXO-K의 부진한 차트 성적

데뷔 초, 적극적인 방송 활동을 통해 문화적 거부감을 최소화시키고 친근감 있게 대중에게 다가간 EXO-M은 중국인들에게 호응을 얻으며 현지화 전략에 성공한 모습이었다. 앞서 보았듯 차트 1위를 비롯해 여러 곡이 상위에 오른 것으로 입증된다. 이에 비해, EXO-K의 경우 신비주의라고 해도 좋을 정도로 예능 프로그램이나 라디오 출연 등의 방송 노출이 적은 편이었다. **친밀감이나 익숙함이라는 조건을 먼저 해결해야 하는 중화권과는 달리 한국에서는 이미 SM 출신이라는 것만으로도 믿음을 주는 바가 있었고,** 데뷔 전부터 오랜 프로모션 기간을 거치는 동안 '준비된 팬'이 많았던 까닭이다. 그러나 앞서 밝혔듯이 공개된 데뷔곡 〈MAMA〉의 장중한 SMP는 대중성과 거리가 멀었고, 실제 대중들의 반응도 미지근했다. 평론가들이나 언론에서도 SM이 정체성을 지나치게 강조하다가 망했다는 식이었다. 이미 확보된 기존 SMP의 팬들이나, 음악적인 색채와는 크게 상관없이 SM의 아이돌을 좋아하는 팬들 이외에 일반 대중의 관심을 끌기에는 역부족이었던 것이다.

인터넷 음원 사이트 중 시장 점유율이 가장 높은 '멜론'의 순위는 대중성을 나타내는 지표라고 할 수 있다. 이 '멜론'의 순위 차트에서 EXO-K의 〈MAMA〉는 데뷔 첫 주 51위에 오른 것을 제외하고는 순위가 형편없이 낮았다. 음원의 스트리밍과 다운로드 수를 집계해 순위를 내는 방식이라, 첫 주에는 팬들의 몰아주기식 스트리밍 수가 많았을 것으로 짐작할 수 있다. 그러나 이후 순위 집계에서는 계속 떨어져서 4월 기준 76위를 기록했고, 5월 이후에는 아예 100위 밖으로 밀려나는 양상을 보인다. 음원 사이트 중에서는 '벅스'에서 데뷔 첫 주 45위를 기록한 것이 그나마 가장 높은 것이었다. 같은 시기, 1위를 차지한 음원은 버스커버스커의 〈벚꽃엔딩〉이었다. 마침 벚꽃놀이가 한창이던 4월의 계절과 맞물려 전국 어딜 가나 흘러나오며 막강한 히트를 쳤던 그 노래를 많이들 기억할 것이다. 이후 1위는 시스타의 〈나혼자〉로 이어진다.

방송국 음악 프로그램에서의 순위를 보면, 'M.net'의 〈엠카운트다운〉에서 9위(4월 26일)를 한 것이 눈에 띈다. 이런 음악 프로그램들의 경우 순위 선정 방식에 팬들의 투표가 일정 부분 포함되므로 아이돌이 높은 순위를 차지하는 경우를 자주 볼 수 있다. 특히 〈엠카운트다운〉의 경우 순위의 공정성이나 신뢰도가 다소 떨어진다는 평가가 지배적이다. 일례로 싸이의 〈강남스타일〉이 다른 국내 차트를 휩쓸 당시 〈엠카운트다운〉에서는 한 번도 1위를 차지하지 못하는 등 순위가 대중 취향과는 다소 거리가 있다는 비판을 받아왔다. 이에 따라 〈엠카운트다운〉 측은 2012년 8월에 음원 비중을 늘리고 팬 투표 비중을 줄이는 것으로 순위 선정 방식을 개편한 바 있다. 한편, SBS 〈인기가요〉 순위에서 EXO-K는 4월 데뷔 이래 6월 중순까지 TOP 20위 안에 한 번도 진입하지 못하였다.

특이한 것은 음원 순위와 비례하지 않게 '가온 앨범 차트'에서 1위를 한 사실이 다. '가온 차트'는 신뢰도 있는 대중음악 종합 순위 차트를 만들고자, 미국의 빌보 드 차트를 벤치마킹했다고 할 수 있는 대한민국 유일의 음반, 음원 판매량 종합 차트다. 한국음악콘텐츠산업협회가 운영하고 문화체육관광부가 후원하며 주요 디지털음원 서비스업체와 대표적인 음반사들이 참여해 2010년 2월 출범한 디지 털 중심의 차트로, 유료 음악 서비스 이용자 월평균 2,000만 명 중 약 97% 이상 의 데이터를 집계한다. '가온 디지털 차트'는 스트리밍, 다운로드, BGM, 모바일 차트를 합산해 발표하는데, 싱글 음원의 인기도를 보여주는 이 디지털 차트에서 EXO-K의 〈MAMA〉는 데뷔 첫 주인 2012년 4월 2주차(04.08~04.14)에 46위 를 최고 순위로 기록하고, 계속 아래로 떨어져 6월 중순 이후에는 200위권 밖으 로 밀려난다. 반면 '가온 앨범 차트'에서는 EXO-K의 〈MAMA〉가 담긴 미니 앨 범(〈MAMA〉 EXO-K The 1st Mini Album)이 2012년 4월 3주차(04.15~04.21) 에 출시하자마자 앨범 차트 1위로 등장한 이후 계속 앨범 차트 상위권에 머물고 5월에도 한 차례 1위를 기록한다. 심지어 2014년 6월까지도 '가온 앨범 차트' 5위에 진입해 있어 놀라움을 준다. 2015년 6월에도 이 앨범은 〈으르렁〉이 있는 정규 1집이나 〈중독〉의 미니 앨범 등 EXO의 다른 여러 앨범들과 함께 여전히 '가온 앨범 차트' 50위권 안에 포진해 있다. 2015년 상반기에 나온 정규 2집 앨범 〈EXODUS〉와 뒤이어 나온 정규 2집의 리패키지 앨범 〈LOVE ME RIGHT〉도 출시하자마자 가온 앨범 차트 1위에 올랐고 타의 추종을 불허하는 앨범 판매량을 보이고 있다. 이는 팬들의 높은 충성도가 바로 앨범의 적극적인 구매 행위로 이어진다는 것을 보여준다. 더구나 디지털 음원 시장의 확장으로 음반 산업이 급격히 위축된 요즘 같은 시기에 말이다. 데뷔 초부터 보인 이 특이점, 즉 적극적으로 앨범 구매를 하는 팬덤 열기는 훗날 EXO 성공의 밑거름으로 이어진다.

| | 가온 디지털 차트 | | | 가온 앨범 차트 | | |
|---|---|---|---|---|---|---|
| 2012년 | 1위 곡 | EXO 순위 | | 1위 앨범 | EXO 순위 | |
| 04.08~ 04.14 | 버스커버스커 –〈벚꽃엔딩〉 | 46위 | | 버스커 1집 | X | |
| 04.15~ 04.21 | 씨스타 –〈나혼자〉 | 68위 | | EXO MAMA | 1위 | |
| 04.22~ 04.28 | 씨스타 –〈나혼자〉 | 85위 | | 넬 5집 Slip away | 6위 | |
| 04.29~ 05.05 | 태티서 –〈Twinkle〉 | 110위 | | 포미닛 Volume up | 4위 | |
| 05.06~ 05.12 | 백지영 –〈목소리〉 | 129위 | | 태티서 Twinkle | 5위 | |
| 05.13~ 05.19 | 아이유 –〈하루끝〉 | 149위 | | EXO MAMA | 1위 | |
| 05.20~ 05.26 | 아이유 –〈하루끝〉 | 138위 | | XIA Tarantallegra | 10위 | |
| 05.27~ 06.02 | 태티서 –〈Twinkle〉 | 130위 | | 2PM 베스트 앨범 | 7위 | |
| 06.03~ 06.09 | 빅뱅 –〈MONSTER〉 | 165위 | | B1A4 | 5위 | |
| 06.10~ 06.16 | f(x) – 〈Electric Shock〉 | 176위 | | 빅뱅 Still alive | 4위 | |
| 06.17~ 06.23 | 버스커버스커– 〈정말로 사랑한다면〉 | 200위 밖 | | f(x) Electric Shock | 4위 | |
| | | | | | | EXO 앨범판매량/ 누적 |
| 4월 | 버스커버스커 –〈벚꽃엔딩〉 | 69위 | | EXO MAMA | 1위 | 61,333/61,333 |
| 5월 | 태티서 –〈Twinkle〉 | 146위 | | 태티서 Twinkle | 8위 | 23,429/84,762 |
| 6월 | 원더걸스 – 〈Like this〉 | 200위 밖 | | 빅뱅 Still alive | 6위 | 21,921/106,683 |

## EXO-K의 낮은 인지도

데뷔곡의 성적 부진으로 일반 대중들에게 인지도조차 확보하지 못하고 있는 상황에서, 이미 형성된 팬덤의 열기는 외부와 다른 온도차를 보인다. 〈MAMA〉로 활동하는 동안 EXO-K의 사인회는 20회 넘게 이어졌다. 사인회의 참가 자격은, 앨범을 구매해서 그 구매 개수대로 응모권을 받아 응모하면 그중에서 추첨하는 방식이었다. **사인회는 항상 구름떼 같은 팬들로 넘쳐났고 거의 마지막 사인회에서도 응모자수가 4,000명을 넘어갈 정도였다.** 또한 방송국 음악 프로그램의 공개 사전 녹화장에 가면, 실제 녹화시간은 오후인데 새벽 6시부터의 대기자 번호표가 200~400번대였다고 한다. 이처럼 일반 대중에서와는 달리 팬덤 내부의 경쟁은 매우 치열해서 팬들 사이에서도 '우리만의 슈퍼스타'라고 자조적인 농담을 할 정도였다. 대중적 인기와는 다르게 팬덤 열기만 뜨거운 기현상이 벌어지고 있었다.

EXO-K가 〈MAMA〉로 활동하는 동안 상당히 소극적인 방송 활동을 한 것도 이런 현상을 더욱 크게 만들었다. 두 달 정도의 활동 기간 동안 음악방송에는 계속 출연했으나 예능 프로그램에 출연한 적은 없었다. 한참 후, 데뷔 활동을 접고 사실상 공백기였던 11월에 투니버스의 어린이 프로그램 〈고민타파 해결왕〉(방송일 2012.11.29.)에 한 번 출연한 것이 고작이다. 그 외 예능 프로그램 활동은 전무하며, 라디오 방송의 '보이는 라디오' 출연 몇 회 정도를 꼽을 수 있다. 앞서 얘기했듯, 정통 SMP 그룹으로서의 정체성과 신비주의에 치우쳐서 대중성을 놓친 것이라고 할 수 있다. 반면 대중성보다는 팬덤이 강한 팬덤형 아이돌이라는 특성을 내세워 이들이 주력한 것은 팬 사인회 등 이미 형성된 팬덤을 위한 것이었다.

〈MAMA〉 활동 기간 중, EXO-K가 내는 결과에 비해 SM이 지나치게 EXO-K를 밀어주고 있는 것이 아니냐는 말들이 많았다. 이를테면, 음악방송에서 SM 소속이라는 이유로 방송 순서에 있어 유리한 배정을 받았다는 다른 그룹의 불만이 그것이다. 대체로 음원 순위 상위권에 오르는 그룹 위주로 하이라이트를 장식할 마지막에 순서가 배치되고, 신인이나 인기 없는 그룹이 대개 앞쪽 순서에 배치되는 음악 프로그램에서 EXO-K는 SM의 선배들과 함께 거의 뒤쪽에 배치되었기 때문이다. 방송에 함께 출연한 다른 아이돌 그룹이나 가수의 입장에서, 거칠게 말해서 인지도 없는 신인 주제에 왜 저렇게 좋은 순서를 가져가느냐는 것인데 일면 타당한 불만이다. 이런 불만과 반발은 아이돌 팬들 사이에서도 있었다. 음악방송에서 SM의 끼워넣기식 신인 밀어주기, 횟수를 늘려가며 계속되는 팬 사인회 등 집중적이고 노골적인 SM의 투자, 팬덤 내의 격렬한 반응 등은 다른 아이돌 팬들의 반감을 샀다. 과외는 많이 시켰는데 성적은 안 나오는 강남 엄친아의 이미지와 비슷한 느낌 아니었을까? 그럼에도 팬덤 내의 열기와 극성팬들의 악명은 높아가고 있었다. 기대에 못 미치는 〈MAMA〉 활동을 마무리한 EXO-K는 이후 약 1년 가까이 긴 공백기를 가진다.

chapter

6

로이그룹
비교탐구

EXO의 스토리텔링 전략으로서의 판타지적인 캐
릭터 설정, 쌍둥이 그룹이라는 독특한 콘셉트로
한국과 중국을 동시에 공략한다는 획기적인 기
획력 등은 여전히 그들을 신세대 아이돌의 주역
으로 꼽을 만한 이유였다. 이후 〈늑대와 미녀〉,
〈으르렁〉으로 이어지는 2013년의 활동으로 10대
~20대 여성들의 팬덤이 폭발하며 EXO는 명실
공히 아이돌 문화의 패러다임을 선도하게 된다.

## 슈퍼타이탄_디오

## 아이돌 세대 구분 속 EXO

등장과 활동 시기로 아이돌의 세대를 구분할 때, 90년대 중후반 등장한 H.O.T., 젝스키스, 신화, god 등을 1세대로, 2003년 데뷔한 동방신기를 시작으로 빅뱅, 슈퍼주니어, 소녀시대, 원더걸스, 2NE1 등을 2세대로 보는 시각이 지배적이다. **이후 2000년대 말부터 2010년대 초까지 아이돌이 쏟아져 나오면서 이전과 다른 다양한 전략과 행보를 보이는 아이돌을 3세대로 본다.** 하지만 여전히 동방신기를 주축으로 한 2세대를 뛰어넘는 신세대 아이돌이 등장하지 않았다는 의견이 유지되고 있다. 3세대의 구분은 현재진행형으로 의견이 분분한데, EXO가 3세대를 연 아이돌로 주목받는 편이며 어쩌면 4세대를 열었다고까지 평하는 이도 있다.

아이돌의 시초라고 한다면 '서태지와 아이들'을 꼽을 수 있을 것이다. 일반적으로는 포스트 서태지 시대에 등장한 H.O.T., 젝스키스, 신화 등을 '아이돌 1세대'라고 부른다. 컴백 시스템, 각각의 캐릭터성이 강하게 부여된 멤버들, 꽉 짜인 안무 구성 등이 이때부터 아이돌의 특징으로 자리 잡기 시작했다. 라이벌 구도를 이루던 H.O.T.와 젝스키스는 〈전사의 후예〉와 〈학원별곡〉으로 각각 데뷔해 학교폭력과 입시지옥을 모티브로 삼아 상품화 전략을 폈고 대성공을 거뒀다.

2세대 아이돌의 경우 이전 세대보다 좀 더 체계적인 시스템 하에 관리되며 혹독한 트레이닝을 통해 짜임새와 완성도를 높였다. 1세대의 god가 〈god의 육아일기〉라는 예능 프로그램에서 아기를 돌보는 모습으로 친근한 이미지를 얻고 인기를 높였는데, 2세대는 이런 전례를 따라 보다 활발하게 예능 프로그램으로 활동 반경을 넓히고 라디오, 예능 등 다양한 분야에서도 유닛 및 솔로로 활동한다. 이때부터 '아이돌'이 'K-pop'이라는 이름으로 한류 열풍을 이끌며 고부가가치를 창출하는 산업으로 받아들여진다. 해외 콘서트와 프로모션도 적극적으로 이루어지며 외국 진출을 위한 준비가 병행되기 시작한다. 또한 인터넷의 발달로 본격적으로 팬덤 문화가 활발해졌다. 온라인 팬클럽으로 집단을 형성해 세력을 키움과 동시에 사생팬 같은 기형적인 면들도 뚜렷이 드러났다. 동방신기로 인해 사생팬의 존재가 일반인들에게 많이 알려지며 하나의 사회적 이슈로 부각되었으니 말이다.

2000년대 후반 들어, 동아시아권에서 한국 아이돌, 한국 드라마가 인기를 얻으면서 그 시장성을 노리고 뛰어드는 아이돌의 수가 지나치게 많아지며 시장은 과포화 상태가 된다. 이제 아이돌 시장은 선정성, 표절, 과도한 미디어 노출 등이 난무

하며 살아남기 위한 전쟁터가 된다. 더 이상 새로울 것이 없고, 노래 실력은 뒤떨어지면서 예능과 연기에 집중하는 아이돌 멤버들을 과연 가수로 봐야 하는가 하는 논란도 벌어진다. 한편 방송사 오디션 프로그램을 통해 등장한 실력 있는 신인들이 가요계에 새바람을 몰고 오는 분위기도 잠시 있었다.

이렇게 과잉과 침체 일로에 있던 아이돌계에 EXO의 등장은 기존 아이돌을 뛰어넘어 새로운 아이돌 세대를 열 것이란 기대를 모았던 것이다. 데뷔 초의 부진한 성적으로 그 기대가 많이 사그라진 것은 사실이지만 말이다. 그러나 EXO의 스토리텔링 전략으로서의 판타지적인 캐릭터 설정, 쌍둥이 그룹이라는 독특한 콘셉트로 한국과 중국을 동시에 공략한다는 획기적인 기획력 등은 여전히 그들을 신세대 아이돌의 주역으로 꼽을 만한 이유였다. 이후 〈늑대와 미녀〉〈으르렁〉으로 이어지는 2013년의 활동으로 10대~20대 여성들의 팬덤이 폭발하며 EXO는 명실공히 아이돌 문화의 패러다임을 선도한다.

가요계가 아이돌 위주로 재편되며 K-pop이라 불리게 된 한국 대중 음악계에서, 시장의 파이를 키우는 데 선도적인 역할을 한 것은 대표적인 아이돌 기획사 SM, YG, JYP였다고 할 수 있다. **이들 3대 기획사의 아이돌들이 서로 경쟁하는 구도 속에 세대교체를 이루면서 K-pop은 계속 진화해왔다.** 이를테면, 걸그룹 중에는 2007년 SM의 소녀시대와 JYP의 원더걸스가 비슷한 시기에 등장해 경쟁 관계를 이루었고, 얼마 뒤인 2009년 YG의 2NE1이 신선하게 등장했으며 곧이어 SM의 f(x), JYP의 미쓰에이가 비슷한 시기에 나온다. 보이그룹에서도 SM의 슈퍼주니어 와 YG의 빅뱅이 2005년, 2006년으로 비슷한 시기에 등장했고, SM의 샤이니와 JYP의 2PM, 2AM이 2008년에 데뷔하는 식이었다.

아이돌 시장에서, 걸그룹은 주로 대중들에게 노래를 많이 알리고 멜론 등의 음원 사이트에서 판매되는 음원 위주로 수익을 얻는 대중형 아이돌이라 할 수 있고, 보이그룹은 주로 거대 팬덤을 소유하며 음반 판매 등의 실적으로 수익을 올리는 팬덤형 아이돌의 양상을 보인다. 보이그룹에 비해 소녀시대, 원더걸스, 2NE1, 카라 등 걸그룹의 노래는 비교적 귀에 쉽게 들어오고 남녀노소 모두 따라하기 쉽다. 대체로 이런 두 가지 양상 속에, 팬덤과 대중성을 모두 갖춘 아이돌로 자리매김한 빅뱅, 2NE1, 소녀시대 같은 경우도 있다.

2010년대 들어 가요계는 걸그룹, 보이그룹 할 것 없이 쏟아져 나온 아이돌의 전국시대가 되었다. 팬들은 이런 상황을 평정해줄 새롭고 강력한 아이돌을 바라고 있었고, 이에 3대 기획사 모두 세대교체를 이끌 보이그룹이 화두로 떠올랐다. 그 중 어디에서 가장 먼저 새로운 세대의 포문을 열 것인가가 아이돌 팬들의 관심사였고, 여러 소문들로 미루어 SM의 신인 보이그룹에 기대를 한껏 품었던 것이다. 과거에도 아이돌 1세대를 연 팀은 'H.O.T.'였고 2세대를 연 것도 '동방신기'로 모두 SM에서 배출되었다. 이렇게 아이돌 문화를 선도하고 세대교체를 이끈 것은 SM이었기에 이런 기대는 마땅한 것이었다. 과연 EXO는 3사에서 준비하던 보이그룹 중 가장 먼저 치고 나오며 세대교체론의 주역이 된다. 글로벌 그룹을 표방하며 중국과 한국을 아우르는 기획과 마케팅, 스토리텔링 전략 하의 독특한 설정, 종합선물세트처럼 하나하나 잘생기고 매력 있고 실력 있는 12명의 멤버들, 데뷔 전부터 형성된 팬덤부터 〈으르렁〉 이후 폭발한 10대~20대 여성들의 엄청난 팬덤 등을 고려할 때 이들이 새로운 세대의 첫 그룹이 되리라는 것이 일반적인 견해이다.

EXO의 데뷔 시기에 YG에서는 새롭게 데뷔한 아이돌이나 가수가 존재하지 않았다. 이 시기에 YG는 패밀리 콘서트를 준비하고 있었고, 주로 기존의 탄탄한 팬덤을 보유한 빅뱅, 2NE1 등이 컴백하여 안정적으로 활동을 재개했다. JYP의 경우 'JJ Project'라는 듀오가 EXO보다 조금 늦은 2012년 5월 〈Bounce〉라는 곡으로 데뷔했고 7월에 〈나나나〉라는 곡으로 활동했으나, EXO의 초기와 마찬가지로 반응이 미약해서 그다지 성과를 보지 못하고 활동을 접었다. JYP는 이후 'JJ project'의 멤버를 포함시켜 다국적 7인조 보이밴드 'GOT7'을 2014년 1월에 데뷔시킨다. YG는 자사 소속 연습생을 대상으로 한 리얼리티 오디션 프로그램의 승리 팀 멤버로 구성된 'Winner'라는 그룹을 2014년에 데뷔시킨다. 'GOT7'은 2014년 1월에 낸 데뷔 미니앨범에 이어 6월에 두 번째 미니앨범을 내며 컴백하였고, 'Winner'는 EXO의 데뷔 전처럼 공식 데뷔를 예고하고 약 두 달에 걸쳐 티저 영상을 내놓다가 8월에 데뷔했다.

EXO와 데뷔 및 활동 시기도 엇비슷하고 몇 가지 유사점을 공유하고 있어 쉽게 비교 대상이 되는 보이그룹이 바로 'B.A.P'이다. B.A.P는 EXO보다 몇 달 앞선 2012년 1월에 〈Worrior〉라는 곡으로 데뷔한다. 이들도 비현실적인 독특한 설정의 스토리텔링 전략을 구사하며 아이돌 시장에 등장한다. 바로 '외계에서 온 전사'라는 콘셉트로 6명의 멤버가 각각 전쟁광, 로봇, 닌자, 엘리트, 대장 등의 외계인 캐릭터 설정을 갖고 있다. 또한 반사회적 가사를 담은 과격한 스타일의 노래와 비주얼도 EXO가 데뷔곡 활동 당시 반항아풍의 남성적 이미지를 연출한 것과 흡사하다. 그러나 두 그룹은 활동 양상이 많이 달랐고 그것으로 얻은 결과도 큰 차이가 난다.

EXO-K는 데뷔 첫해인 2012년 상당히 소극적인 활동을 했던 반면, B.A.P는 매우 공격적인 활동을 펼쳤다. 살펴보면, B.A.P는 1월에 〈Warrior〉로 데뷔한 뒤, 4월에는 〈POWER〉로 활동, 7월에 〈NO MERCY〉, 8월에 〈대박사건〉, 10월에 〈하지마〉로 한 해에만 5개의 곡으로 몰아치듯 활동했다. 2013년에도 1월, 2월, 6월, 7월, 8월에 잇달아 곡을 들고나온다. EXO-K가 2012년 4월에 데뷔해 〈MAMA〉로 두 달 남짓 활동했다가 약 1년 가까이 공백기를 거친 후 2013년 6월에서야 다시 정규 1집 〈XOXO〉 앨범으로 컴백한 것을 보면, B.A.P가 활동 빈도수에서 크게 앞선 것을 알 수 있다. B.A.P도 EXO-K와 마찬가지로 방송사 예능 프로그램은 거의 나가지 않았으나 소속사에서 자체적으로 리얼리티 프로그램을 만들어 유튜브로 공개하였다.

또한, B.A.P가 EXO-K와 큰 차이를 보인 지점은 2012년 당시 차트 성적 및 수상 실적으로 나타난 대중적 인기다. 데뷔 앨범이 빌보드 월드앨범 차트에서 10위를 하는 성적을 기록했고, 7월에도 〈NO MERCY〉로 음원 순위 10위권 안에 들기도 했다. 연말 '엠넷 아시안 뮤직 어워드'에서 엠넷 PD특별상을, '멜론 뮤직 어워드'에서 에일리와 공동으로 신인상을 타기도 했다. 앨범 판매량을 제외하고는 내내 부진한 결과를 냈던 EXO-K와는 달리 확실히 좋은 성적을 낸 것이다. B.A.P는 '시크릿'과 같은 소속사인 'TS 엔터테인먼트'라는 중소기획사 출신으로, SM이라는 거대 기획사의 막강한 지원으로 기대를 한몸에 받고 등장한 EXO에 비해 소속사의 힘보다는 실력과 대중성으로 성과를 낸 그룹으로 여겨졌다.

2010년대 이후 등장한 아이돌 중, 캐릭터에 독특한 판타지 설정을 입혀서 나온 것으로는 B.A.P가 EXO보다 두어 달 먼저였다. 그리고 그들은 아이돌 본연의 실력이나 음악적 색깔에서 대중성을 확보해 성공을 거두며 입지를 선점했다. EXO-K의 경우, 당장의 성과는 부진했으나 새로운 패러다임을 제시하며 글로벌한 기획을 선보인 면에서 더 부각된다. 이후 EXO-M과 합쳐져 완전체 활동으로 시너지를 일으켜 대중적 인기와 엄청난 팬덤 현상을 몰고 오며 세대교체를 굳힌 아이돌로 선두에 우뚝 선다.

# chapter 7

# EXO의
## 글로벌 전략

유튜브, 아이튠즈로 대표되는 인터넷 미디어와 디지털 음원의 시대에, 더 이상 물리적인 거리는 음악 시장에 있어 장애가 아니게 되었다. 실제로 이러한 인터넷 환경을 통해 해외 K-pop 시장이 급속도로 발전했다. 영미권의 음악을 빠르게 흡수해 동양적으로 세련되게 소화한 스타일, 수년간의 연습생 생활을 통해 길러진 탄탄한 가창력과 완벽한 군무, 무대 위의 잘 짜인 퍼포먼스를 보면 벅찬 감정의 카타르시스를 준다. 이것이 K-pop이 해외에서 유명세를 타기 시작한 큰 이유라 본다.

강철지그_루한

## EXO-M / EXO-K / 완전체

잘 알려진 대로 EXO-M과 EXO-K로 팀을 나눈 것은 중국과 한국에서 같은 팀 명과 같은 곡으로 동시에 활동하려는 의도였다. **공간과 지역의 한계를 단순하지 만 가볍게 뛰어넘었다고 할 수 있는 빛나는 아이디어.** 이전부터 SM은 '슈퍼주 니어 M'의 활동으로 중국 시장에 대단히 공을 들였다. EXO의 경우, 단순한 유 닛 활동이 아니라 아예 '쌍둥이 그룹'이라는 정체성으로 탄생했고 EXO-M은 아 예 중국 그룹처럼 포지셔닝 했다. 이것은 EXO라는 팀을 기획한 키포인트이며, 유 닛 활동이 단발성 이벤트에 그치는 다른 아이돌과 차별되는 새로운 지점이다. 한 국과 중국을 동시에 공략하여 범아시아를 아우르겠다는 글로벌 전략의 일환인 것이다.

'슈퍼주니어 M'을 통해 중국 시장에서의 기반을 어느 정도 닦았지만, 아직까지 중국이라는 거대한 시장은 예측이 수월한 곳이 아니기에 SM은 중국 시장을 다 른 어떤 시장보다 우선순위에 둔 것으로 보인다. 2012년 4월 1일, 한국에 이어 곧 바로 중국에서 데뷔 쇼케이스를 한 EXO를 본 중국인들은, 한국에서 몇 년간 연습생 생활을 거쳐 데뷔하는 중국인 멤버에 대해 경외감 어린 반응을 보인다. 또 중국을 위한 맞춤형으로 EXO-M을 데뷔시킨 SM의 시스템을 직접 확인하며 자못 놀라는 분위기였다. 데뷔 쇼케이스 후 중국의 유명 인터넷 사이트 시나닷컴은 "전방위적 재능을 지닌 신인답지 않은 신인"이라며 EXO를 극찬했다. 이렇게 EXO-M과 EXO-K는 각각 중국과 한국을 무대로 동시에 활동했고, 앞서 살폈듯이 각각의 활동 내용과 성과는 달랐다.

EXO는 2013년 정규 1집 〈XOXO〉를 발매하며 '완전체'로 돌아와 활동한다. 12명이 뿜어내는 에너지와 매력으로 꽉 차는 무대를 선보이며 시너지가 폭발해 〈늑대와 미녀〉 〈으르렁〉으로 이어지는 히트곡으로 대중에게 EXO를 각인시키며 엄청난 성공을 거둔다. 이때는 중국인 팬이나 한국인 팬들 모두 한마음으로 완전체 EXO에 열광하고 K냐 M이냐에 관계없이 EXO를 응원하게 된다. 그해 12월에 발매한 스페셜 앨범 〈12월의 기적〉에서는 격차를 두고 무대마다 다른 멤버 구성을 선보인다. 이 곡은 예외적으로 댄스곡이 아닌 크리스마스 시즌에 어울리는 감성적인 팝 발라드곡으로, 메인 보컬 네 명만 노래의 녹음에 참여했다는 것이 특징이다. 한국어 버전은 디오, 백현, 첸이 참여하고, 중국어 버전은 루한, 첸, 백현이 참여했다. K와 M의 구분 없이 교차되는 멤버도 있어 일종의 팬서비스 같은, 말 그대로 스페셜한 유닛 구성이라고 볼 수 있다. 이로 미루어보아 또 다른 스페셜한 유닛의 조합도 기대해볼 만하다. 2014년 상반기에 발표한 〈중독〉의 미니 앨범 활동은 다시 EXO-K와 EXO-M으로 나뉘었다. 2015년 상반기에 발표한 정규 2집 앨범 〈EXODUS〉에서는 중국인 멤버 2명의 탈퇴 후 10명의 완전체로 돌아왔다. 그러나 앨범 발매 후 활동을 막 시작하는 시점에서 중국인 멤버 타오가 추가로 이탈하는 바람에 9명으로 활동을 하게 된다. 중국인 멤버의 연이은 탈퇴에 관해서는 뒤에 따로 이야기할 것이다.

## 중국을 겨냥하다

2012년 KAIST 정보미디어연구센터가 발표한 '글로벌 엔터테인먼트 산업 경쟁력 보고서'에 따르면, 세계 주요 대중문화시장 13개국(미국, 일본, 영국, 독일, 프랑스, 중국, 캐나다, 이탈리아, 브라질, 호주, 한국, 인도, 스페인) 중에서 중국의 시장규모는 세계 6위권이다. 11위인 한국에 비해 2배 정도의 시장 규모를 가졌으나, 14억이라는 인구수를 고려하면 향후 시장 잠재력은 그야말로 어마어마하다. 콘텐츠별 시장 규모를 보면, 방송시장은 6위, 영화시장은 9위, 게임시장은 3위를 차지하고 있다. 그런데 음악시장 규모만 놓고 보면 중국은 13개국 중 최하위를 차지하고 있다. 한국에 비해서도 3분의 1 수준이고, 전체 대중문화시장 13위인 스페인에도 절반 수준이다. **이것은 무엇보다 인터넷 불법 유통으로 인한 결과다. 중국 대중문화시장 공략의 난제는 무엇보다 불법 콘텐츠가 넘쳐난다는 데 있고, 특히 음원 유통 분야에서는 그 정도가 심각한 수준이다.** 하지만 중국의 사회 분위기가 이런 불법 유통에 대한 문제의식이 별로 없고, 이를 근절하려는 당국의 의지도 거의 보이지 않는다. 한국의 인기 드라마 〈해를 품은 달〉이 중국에 공식적으로 수출되지도 않은 상황에서, 불법 콘텐츠를 통해서 이 드라마를 본 중국 인구가 1억 명에 달한다고 하니 그 심각성이 어떤지 알 만하다. 이처럼 중국 대중문화시장에 만연한 불법 콘텐츠 유통은 앞으로 해결해나가야 할 문제겠지만, 중국의 압도적인 인구와 비약적인 경제 발전에 따라 대중문화시장이 해마다 성장세를 보이는 점 또한 분명한 사실이다. SM은 이런 중국 시장의 무서운 잠재력을 일찌감치 내다보고 과감하게 중국 진출에 나선다.

SM은 그동안 여러 번 밝혔듯 음악뿐 아니라 영상, 온라인미디어, 엔터테인먼트 등을 아우르는 아시아 최고의 복합 엔터테인먼트 그룹으로서의 성장을 목표로 사업 영역을 전 세계로 확장하는 중이다. 이런 글로벌화의 중심에 중국을 두고, EXO를 데뷔시킨 2012년을 중국 진출의 원년으로 삼아 본격적으로 중국 시장에 총력을 기울이고 있다. EXO-M은 중국에서 데뷔 후 적극적인 방송 활동으로 인지도를 높이고 그해 9월 〈음악풍운방 신인성전〉에서 최고 인기 그룹상을 받았다. 2013년 4월에도 〈음악풍운방 연도성전〉의 최고 인기 그룹상을 받으며 중국에서의 높은 인기를 여실히 증명했다. 2013년의 완전체 EXO의 활동도 중국에서의 팬덤 열기를 더욱 확산시켰다. 이에 SM은 2013년 10월에 중국 베이징 올림픽 주경기장에서 SM TOWN 콘서트(SM TOWN Live World Tour in Beijing)를 개최해 7만여 명의 관람객을 동원했다. 베이징 올림픽 주경기장은 이전까지 성룡, 유덕화 등 중화권 톱스타만 설 수 있었던 장소로, 해외 가수로는 SM의 아티스트들이 최초로 공연을 펼친 것이다. SM이 EXO를 앞세워 중국에 SM의 깃발을 꽂으며 전진하는 인상이다. 한 조사에 따르면, 중국 포털사이트 '바이두'에서 활동하는 K-pop 팬 3,000만 명 중에 대다수가 EXO를 지지한다고 한다. 2014년에 EXO는 데뷔 2년 만에 처음으로 하는 단독 콘서트의 일정을 발표하고, 서울을 시작으로 아시아 주요 17개 도시를 순회하는 투어에 나섰다. 이중 중국 본토 내에서는 8개의 도시에서 공연을 했는데, 그중 첫 도시로 우한에서 6월 14일에 열린 공연은 전석 매진의 열기 속에 폭발적인 반응을 이끌었다.

중국의 콘서트, 공연 시장은 빠른 성장세를 보이고 있다. 2013년 하반기의 한 증권사 보고서에 의하면, 중국의 다목적 스타디움과 아레나 공연장이 각각 79개, 52개로 공연장수가 많고, 티켓 가격은 좌석 위치별로 280~1,680위안(5~30만 원)으로 평균 가격이 글로벌 평균 12만 원과 유사하거나 더 높은 편이며, 라이브 공연이나 페스티벌의 수요는 계속 증가 추세에 있다. 이렇게 콘서트 문화가 점차 정착되고는 있지만, 여전히 1990년대 중국 4대 천왕으로 불리는 가수들의 티켓 파워가 가장 높다고 한다. 콘서트 수요에 비해 공급은 부족한 상황이라 화려한 비주얼과 퍼포먼스를 갖춘 한국 아이돌이 각광받고 있으며, 특히 인기가 높은 EXO가 중국 콘서트 시장의 개척자로 위세를 드높일 것으로 보고 있다. 2014년도에 EXO는 중국의 주요 도시를 포함한 아시아 투어로 단독 콘서트를 진행했고 이후에도 중국에서의 콘서트는 더 늘어날 것으로 보여 높은 수익을 올릴 것으로 예상된다. 여기에 콘서트에 따른 MD(상품) 판매 수익도 자연스럽게 따라온다.

이외에도 EXO가 중국 시장에서 기대할 수 있는 수익원은 출연료 및 광고모델료다. 중국 1급 배우들의 회당 드라마 출연료는 70~100만 위안(1.2~1.7억 원), 광고 개런티는 500~1,000만 위안(9~18억 원)으로 한국의 두 배 이상 수준이다. 중국에서 인기가 높은 한국 드라마 〈상속자들〉의 이민호와 〈별에서 온 그대〉의 김수현은 중국에서 광고 한 편당 10~15억 원의 개런티를 받고 10여 개 이상 광고를 찍었다. 웨이보의 아티스트 팔로워 순위를 살펴보면, 1,000만 명의 김수현에 이어 EXO는 710만 명의 팔로워를 보유 중이다. 이처럼 EXO가 중국 내의 인지도가 매우 높은 상황이라 광고모델로서의 수요가 크고, 국내에 비해 단가가 높은 중국의 광고료나 출연료 수익은 EXO의 매출액을 크게 증대시킬 것이다. 또한, 국내에서 제작한 〈EXO의 쇼타임〉은 SM의 자회사인 SM C&C를 통해 제작됐고, 중국 미디어 채널에 판권(방영권)을 판매하는 것을 염두에 두고 있다. SM C&C는 SM이 배우 매니지먼트와 콘텐츠 제작을 위해 설립한 자회사로, 향후 중국 방송사와 합작해서 중국 현지에서 새로운 예능 프로그램을 제작하는 것도 기대할 수 있다.

그동안 대중문화 콘텐츠의 불법 유통 문제로 돈 안 되는 시장으로 여겨지던 중국 시장을 이제는 다시 바라봐야 한다. 여전히 저작권 개념에 대한 사회적 인식은 미비하지만, 중국이 세계의 경제 대국으로 진입한 마당에 국제 사회와 당당히 어깨를 나란히 하려면 앞으로 이 문제에 대한 개선은 불가피할 것이다. 이 문제는 차치하고도 이미 광고나 영화, 드라마 출연료에서 한국의 2~3배 규모인 시장과, 그 넓은 대륙에 급팽창하고 있는 공연 시장이 어찌 매력적이지 않을 수 있겠는가. 이는 불법 유통으로 인한 음원 시장의 낮은 수익성을 만회하고도 남을 것이며, SM이 EXO를 앞세워 중국 시장을 여는 당연한 이유다.

## 국내 아티스트의 중국 광고료 및 출연료 현황

| 광고료 | | | 방송 출연료 | | |
|---|---|---|---|---|---|
| 아티스트 | (위안) | (원) | 아티스트 | (위안) | (원) |
| 이민호 | 900만 | 16억 | 장근석 | 100만 | 1.7억 |
| 김수현 | 850만 | 15억 | 비 | 80만 | 1.4억 |
| 비 | 800만 | 14억 | 강타 | 38만 | 0.6억 |

자료: 언론 보도 종합, 신한금융투자 보고서(2014.03.31.)
(주: 원/위안 환율은 175원을 기준으로 함)

## 중국 웨이보 아티스트 팔로워(Followers) 추이

| 아티스트 | (명) |
|---|---|
| 장지에(張杰) | 30,181,577 |
| 이민호 | 27,745,217 |
| 싸이 | 24,079,148 |
| 장근석 | 18,364,341 |
| 김수현 | 10,511,946 |
| EXO | 7,156,471 |
| 빅뱅 | 3,420,293 |
| 2NE1 | 855,040 |
| 슈퍼주니어 | 798,313 |

자료: 웨이보(2015.7.7)

## 중국 시장 진출의 딜레마

2014년 5월 15일 EXO의 크리스가 자신의 중국 이름 우이판으로 서울중앙지방
법원에 소속사 SM 엔터테인먼트를 상대로 전속계약효력부존재확인 소송을 냈
다. **전속계약을 무효로 해달라는 소송으로, 단독 콘서트를 불과 일주일 앞둔 시
점에서 갑작스럽게 터져 나와 SM과 EXO의 팬들 그리고 대중음악계에 충격을
주었다.** 크리스 사태는 2009년 슈퍼주니어를 탈퇴한 중국인 멤버 한경의 사건을
떠올리게 한다. 게다가 크리스의 소송을 담당한 법무법인이 한경의 소송을 맡아
승소했던 곳이며, 크리스의 어머니가 한경의 소속인 중국 최대의 연예 기획사
와 접촉했다는 보도도 있었다.

슈퍼주니어 탈퇴 이후 중국에서 가수 겸 배우로 활동하고 있는 한경은 2013년 9
월 베이징TV 〈음악풍운방〉 인터뷰에서 슈퍼주니어의 탈퇴를 결심하게 된 경위
에 대해 이야기하며 슈퍼주니어 활동이 즐겁지 않았으며 활동 당시 타 멤버들과
의 비교로 괴로움을 겪었던 심경을 토로했다. 크리스도 한경과 비슷한 경우 아니

겠냐는 이야기들이 나왔다. 이에 대해 한 TV 프로그램에 출연한 슈퍼주니어의 멤버 김희철은 크리스와 한경의 경우는 상황이 다르다며, 한경이 겪었던 언어적인 문제와 활동에서의 제약, 외국인으로서의 외로움 등이 그럴만한 이유가 되었겠지만 크리스는 그럴만한 동정의 여지가 없다는 뉘앙스를 준다. 실제 한경의 경우는 슈퍼주니어 활동 당시 유일한 중국인 멤버이자 첫 외국인 멤버라 여러모로 한국 실정에 서툴렀고 비자 문제가 걸려 SBS와 KBS밖에 출연할 수 없는 상황이었다. 이에 비해 크리스는 서로 의지하며 외로움을 해소할만한 중국인 멤버가 3명이나 있었고, 한경 때처럼 활동의 제약도 없는 상황이었다. 사실, 한경이 중국 내 소수민족 중에서도 두 번째로 인구가 적은 허저족 출신임에 비해 크리스는 광저우 출신으로 9살 때 캐나다로 이민을 간 중국계 캐나다인이라는 점에서 비교적 큰 어려움 없이 자랐을 것으로 추측되는 점에서도 동정론은 힘을 얻지 못했다.

기사가 뜬 즉시 EXO-M의 리더로 그를 따르던 다른 중국인 멤버들도 개인 SNS 인스타그램에서 크리스를 언팔로우하거나 계정을 폭파한 것을 보면 배신감을 크게 느낀 것으로 보인다. 무엇보다 그동안 "We are one!"이라는 구호를 외쳐왔고 일주일 앞둔 첫 단독 콘서트를 준비하며 기대에 부풀었던 멤버들과 기다리던 팬들의 믿음을 져버렸다는 것에 크리스는 '뒤통수'와 '배신의 아이콘'으로 등극한다. 이후 EXO는 마치 이럴 줄 알았다는 듯이 차분히 대응하며 안무와 동선을 다시 짜서 11명으로 콘서트를 소화한다. 크리스가 맡은 포지션은 다른 멤버들의 보완으로 큰 문제가 없는 듯 보인다. 이전에도 크리스는 2013년 〈늑대와 미녀〉로 활동하기 전 3개월 가까이 잠적 상태에서 나타나지 않아 캐나다에 있는 그를 설득해서 데려왔다는 소문도 있었다. 〈으르렁〉 활동 당시에도 1주일간의 휴가를 받은 적도 있다고 한다. 이미 EXO 활동에 대한 미온적인 태도와 탈퇴의 징후를 보여 왔던 것으로 해석할 수 있다.

다만, 크리스가 하고 싶은 것이 중국에서 배우로 활동하는 것이라면 얘기가 달라진다. 소송 이후 자연스럽게 탈퇴 수순에 들어갔고, 소송 기사가 난지 한 달 만에 중국 영화에 출연한다는 소식이 들려왔다. 한경의 경우도 슈퍼주니어 탈퇴 이후 중국에서 가수 겸 배우로 활동하며 중국의 톱스타로서의 인기를 누리고 막대한 수익을 올리고 있다. 굳이 한국 시장에 발을 들여놓지 않아도, 출연료나 광고, 공연 수익으로 넓은 중국 시장에서 활약하며 한국에서보다 몇 배는 더 많이 벌 수 있는 것이다. 한경은 NASA의 우주훈련을 마치고 우주여행 자격을 얻어 중국 최초로 우주에 가는 민간인이 될 가능성이 크다는 중국 매체의 보도가 있었으며, 할리우드 블록버스터 〈트랜스포머 4〉에 캐스팅되어 출연한 바 있다. 한경의 입장에서는 슈퍼주니어 탈퇴 후 매우 '잘 나가고' 있는 것이다. 이처럼 크리스의 경우도 탈퇴의 가장 큰 이유는 수익성에 있는 것임이 분명해 보인다. SM의 배신자로 낙인 찍혀 한국 시장은 포기한다 해도, 그를 받아주는 중국 팬들의 지지가 있으면 된다. 중국은 한국과 비교가 안 되는 막대한 수익을 안겨주는 큰 시장이다. 또한, 배우의 꿈이 있고 중국어와 영어를 자유롭게 구사하는 그가 중국에서 연기 경력을 쌓으면 어쩌면 좀 더 쉽게 할리우드 블록버스터에 출연하는 스타가 될 수도 있을 것이다.

크리스의 탈퇴에 이어, 약 5개월 후인 2014년 10월 10일에 또다시 EXO의 중국인 멤버 루한이 서울중앙지방법원에 SM 엔터테인먼트를 상대로 전속계약효력부존재확인 소송을 제기하는 사건이 불거졌다. 루한 또한 크리스 때와 같은 법무법인을 통해서 탈퇴의 수순을 밟은 것이다. 소송의 이유로 든 내용도 비슷하다. 중국 매체에 따르면 고강도 스케줄에 따른 건강 악화와 불합리한 이익 분배 등을 이유로 들었다고 한다. SM은 루한이 "건강상 이유 및 엑소 그룹 활동보다 중국 내 개인 활동에 집중하고 싶다는 의사표현을 하여 향후 활동 계획 등에 대해 논의를 해나가는 단계에서 급작스럽게 소송을 제기해 당혹스럽다"고 반응했다. 마침 루한은 한국영화 〈수상한 그녀〉의 리메이크작인 중국영화 〈중반 20세〉에서 조연을 맡아 중국에서 영화 촬영을 하는 등 개인 활동을 병행하던 시기였다. EXO 탈퇴 후 루한은 앞선 경우인 한경이나 크리스처럼 중국에서 독자적인 연예 활동을 펼치는 모습이다. 루한은 EXO 멤버 중에서도 중국에서 가장 인기가 높은 멤버다. 루한이라는 아이돌 개인에게도 중국은 한국과 비교할 수 없이 유혹적인 시장임에 틀림없다.

루한의 소송 사건이 터진 이후, 같은 중국인 멤버인 레이가 루한에게 응원을 보인 점에서 크리스 사건 때와는 사뭇 다른 분위기가 감지되었다. 혹시나 남은 두 명의 중국인 멤버들도 흔들리는 건 아닌지 우려의 목소리도 들려왔다. 중국 팬들은 여전히 루한을 지지한다는 반응이 상당한 편이었다. 이미 크리스 사태 때에도, 중국 매체에서는 SM이라는 회사와의 대립 구도로서 한경이나 크리스를 옹호하는 여론이 형성되기도 했다. 중국 여론은 아무래도 자국민인 중국인 멤버를 우선시하는 듯하다. 그룹의 결속과 멤버 간 의리를 중시하는 국내 팬들의 정서와는 확연히 다른 중국 정서를 엿볼 수 있다. 또한 중국 내에서는 K-pop과 한류를 문화침략이라 보는 시선과 이로 인한 험한 기류도 일부 존재하는 것이 사실이기에, SM이라는 회사에 대한 시선이 곱지만은 않다.

이와 달리, 한국 팬들은 루한의 소송에 배신감을 표출하며 SM에 대한 동정론을 자주 보였다. 루한은 어린 시절부터 한국의 아이돌과 한국 문화에 심취했고, 한국으로 유학을 와서 어학당을 다녔을 정도로 친한파로 통했다. 또한 SM 연습생이 되기 위해 한국에서 기약 없는 2년을 기다렸을 만큼 뚝심을 보여준 멤버였다. EXO의 중국인 멤버 중에서도 한국말을 잘해서 팬들이 '김루한'이라는 별명을 붙일 정도였기에 팬들의 안타까움과 배신감이 커 보인다. 스타가 되니 연습생 시절부터 지원을 아끼지 않고 키워준 SM을 배신하고 그룹과 멤버들에게 피해를 준 것에 대해 괘씸하다는 반응, 잇단 중국인 멤버의 이탈로 중국인 연습생을 키우는 것에 대한 회의론, 한국 아이돌 산업의 노하우를 중국이 가로채는 것 아니냐는 위기감 등의 여론이 형성되었다. 그러나 크리스 사태 이후 어느 정도 내성이 생긴 듯, 격한 반응은 금세 가라앉았다. 크리스가 빠진 11명으로 아시아 투어 콘서트를 마친 만큼, 루한이 빠진 10명으로도 EXO의 완전체 활동은 큰 무리가 없다는 분위기였다. SM에서도 루한의 탈퇴는 엑소의 활동에 별 영향이 없다며 선을 긋고 글로벌 활동을 꾸준히 추진할 계획이라고 했다.

그리고 2015년 4월, 정규 2집 앨범 〈EXODUS〉를 발매하고 활동을 막 시작하던 시점에서 또 다른 중국인 멤버 타오의 탈퇴설이 불거졌다. 앞선 두 멤버가 소송을 통해 탈퇴 의사를 밝혔던 것과는 달리, 타오의 아버지가 SNS 웨이보에 올린 글이 그 출발점이었다. "아들의 부상을 지켜보고만 있을 수 없다"며 "한국에서 연예인을 하는 것과 건강 중 하나를 선택하라 한다면 망설임 없이 후자를 선택하겠다"는 글을 남긴 것이다. 타오는 2015년 2월 설 특집으로 방송된 MBC의 예능 프로그램 〈아이돌 스타 육상 농구 풋살 양궁 선수권 대회〉 농구 경기 촬영 도중 발목 부상을 입었다. 이로 인해 3월에 열린 두 번째 단독 콘서트 무대에 오르지 못했고, 정규 2집 앨범 〈EXODUS〉의 타이틀곡 〈Call Me Baby〉의 방송 활동에서도 빠진 상황이었다. 타오의 부친이 올린 웨이보 글을 보면, 탈퇴설을 뒷받침하는 또 다른 이유를 유추할 수 있다. SM 엔터테인먼트가 "당초 약속한 것처럼 아들을 위한 전문 팀을 꾸려 중국 활동을 하게 해주겠다"고 했는데, "타오는 회사의 지지는 받지 못하고 부상만 입었다"고 한 것이다. 앞서 SM은 EXO의 또 다른 중국인 멤버 레이의 중국 현지 활동을 지원하는 '워크숍' 방식의 개인 회사를 설립한다는 내용을 발표한 바 있다. 타오의 부친은 SM과 타오의 '워크숍' 계획을 논의하던 중에, 레이의 계획만 먼저 발표한 것에 대해 불만을 표시한 것으로 보인다. SM은 타오의 부친과 대화를 통해 발전적 방향을 모색하겠다는 공식 입장을 밝혔지만, 이미 돌이키기 힘든 상황이 되어버린 듯하다. 아버지의 SNS 글로 촉발된 탈퇴설에 대해 침묵을 지키던 타오는 며칠 후 자신의 SNS 웨이보에 짧은 문장을 올려 심경을 표현한다. "미안합니다. 감사합니다.(对不起. 感恩.)" 이로써 탈퇴설을 인정하는 뉘앙스를 준다. 타오 역시 향후 중국에서 액션 배우 등의 독자적인 활동을 하리라 본다.

이로써 EXO는 처음 12명에서 3명이 빠진 9명이 되었다. 완전체로 돌아온 정규 2집의 타이틀곡 〈Call Me Baby〉와 후속곡인 〈Love Me Right〉의 활동은 무리 없이 진행되었다. 그러나 EXO-K와 EXO-M으로 나뉘게 된다면, 3명이 남은 EXO-M이 유지될지는 미지수다. 어떤 재정비가 있을지는 지켜보아야 할 일이다.

중국인 멤버들의 잇따른 탈퇴로 SM은 큰 타격을 입었지만, 그렇다고 SM이 중국 시장 진출이나 글로벌 전략을 멈추거나 포기하지는 않을 것이다. 기존 전략에 대한 여러 보완책을 마련하면서, 중국 시장을 좀 더 다각도로 접근하는 계기가 될 것으로 본다. SM에서 중국인 멤버를 키워서 데뷔시키는 일도 당분간은 계속되지 않을까 한다. 연습생 생활을 하고 있는 중국인 연습생들도 상당수 있는 데다, 중국 시장 진출은 이미 거스를 수 없는 대세 물줄기다. 중국인 멤버를 내세운 것은 시장을 열기 위한 탁월한 전략이었다. 시간이 지나자 그에 따른 문제점이 드러난 것이다. 중국이라는 압도적인 시장의 크기가 바로 모든 걸 무색하게 하는 문제의 근원이다. 이것이 SM 입장에서도 매력이자 동시에 함정인 것이다. 중국의 연예 기획사 쪽에서도 K-pop 아이돌의 일원으로 거대한 팬덤을 지닌 중국인 스타를 빼내 영입하려는 시도를 계속할 가능성이 크다. 소송 비용을 물더라도 그보다 훨씬 더 큰 이익이 자신들에게 돌아갈 것이기 때문이다. 어디까지나 이익에 따른 시장 논리로 돌아가는 시스템임을 부정할 수 없다. 중국이라는 거대 시장에 따른 이 딜레마를 다시 고민해봐야 할 시점이다.

## 중국인 멤버발(發) 위기에 대처하는 SM의 자세

SM은 크리스에 이어 루한이 소송을 내며 팀에서 이탈하자, 이들의 주변에 배후 세력이 존재하고 있는 것으로 보인다고 언급하며 중국을 포함한 해외 파트너들 및 법률 전문가들과 함께 적극적, 다각적으로 차분히 대응할 것이라고 밝혔다. 실제로 SM은 홍콩 엔터 기업 미디어 아시아 그룹과 중국 내 독점 매니지먼트 에이전시 MOU를 맺은 바 있다. 이런 식으로 중국의 대형 기획사들과 네트워크를 형성하려는 모색도 가능하다.

팀 이탈 후 크리스(우이판)와 루한이 중국 내에서 독자적인 연예 활동을 시작하자, SM은 현지의 법무법인과 협력해 법적인 소송을 제기하며 본격적인 제재에 나섰다. SM은 이들이 "엑소 활동으로 얻어진 인지도를 빌려 각종 영화, 광고, 행사, 시상식 등에 무분별하게 출연해 왔고, 이로 인해 SM과 EXO의 다른 멤버들의 합법적 권익을 침해해왔다"고 주장하며, 루한 및 루한을 광고모델로 쓴 광고주를 상대로 중국법원에 정식 소송을 제기했다. 2015년 2월, 상하이와 홍콩에서 제기한 손해배상 소송에 이어, 2015년 5월에는 베이징에서 침권(권리 침해) 소송을 제기했다.

크리스(우이판)와 루한이 SM 엔터테인먼트에 대해 제기한 전속계약효력부존재 확인 소송에 대해 서울중앙지방법원은 2015년 5월에 강제조정 결정을 내렸다. 강제조정은 분쟁당사자 간 합의가 이뤄지지 않을 경우 재판부가 직권으로 화해 조건을 제시해 강제적으로 조정을 성립시키는 것으로, 어느 한쪽이라도 2주 안에 이의를 제기하면 조정이 성립되지 않아 소송을 이어가게 된다. SM이 이의신청을 제기해 강제조정은 불발되었다. 사실상 EXO의 전 멤버가 되어버린 크리스와 루한, 이들과 SM의 갈등은 소송을 이어가며 평행선을 달리는 중이다.

SM은 EXO의 남은 중국인 멤버 레이를 위해 중국 내에서의 개인 활동을 보장하는 새로운 방안을 마련했다. 2015년 4월 SM 엔터테인먼트는 보도자료를 통해 레이가 '워크숍' 시스템을 도입하여 중국 현지에 개입 법인을 설립했다고 발표한다. 레이가 중국에서 독자적인 기획사를 꾸린 것으로, 이 워크숍의 정확한 명칭은 레이의 본명인 장이씽을 사용한 '장이씽 영상 공작실'로 저장성(浙江省) 공상행정관리국 기업신용정보 공시사이트에 공시되어있다. '영상'이라는 단어가 들어간 것을 보면 레이의 중국 내 영화 및 TV 방송 출연 등을 주로 담당할 듯하다. 이 워크숍을 통해 레이는 자신의 뜻에 따라 외부 스태프를 고용하는 등 중국 내 개인 활동의 독자성과 그에 따른 수익을 보장받는다. 이로써 레이는 SM과의 의리도 지키고 자신의 이익도 확보하는 현명한 선택을 한 것이다. 무엇보다 EXO의 멤버로 계속 남게 되면서 앞선 크리스나 루한처럼 EXO 팬들에게 '배신자'로 낙인 찍히는 길을 가지 않은 것은 반가운 일이다. SM 측은 이 워크숍의 운영이 "전속계약의 틀 안에서" 이루어진다고 밝혔다. 세세한 조건보다는, 큰 틀에서 계약 당사자 간 합의가 가장 중요해 보인다. SM 입장에서는 무엇보다 중국인 멤버의 팀 이탈이나 소송을 미리 방지하는 것이 우선 사항일 것이다. 또한 레이에게도 당분간은 SM의 울타리 안에 있는 것이 그의 미래를 위해 좋은 선택이라 추측된다. 레이는 여러 인터뷰를 통해 이수만 선생님이 롤모델이고 그처럼 중국에서 프로듀서로 활동하는 것이 꿈이라고 밝혀왔다. 콘서트에서 자작곡을 선보이는 등 음악적 재능도 갖춘 그에게 SM은 프로듀서로서의 역량을 키울 수 있는 좋은 환경이다. 음원 제작과 아티스트 육성에서 SM만큼 풍부한 기술력과 선도적인 시스템을 갖춘 회사도 드물다. 더구나 현재 중국에서라면 더욱 그렇다. 세계적인 유명 작곡가를 비롯해 전 세계에 포진한 작곡가들이 SM 소속 가수를 위해 곡을 만들고, A&R팀이 음원을 가수와 적절하게 맞추어내는 노하우를 갖추었고, 비주얼과 퍼포먼스에서도 최고의 전문가들이 높은 완성도를 뽑아내는 SM은 프로듀서로 도약을 꿈꾸는 레이에게 얻을 것이 많은 환경일 것이다.

레이의 경우, 이 '워크숍' 시스템으로 중국 내 독자적인 활동과 수익도 보장받았고, SM으로부터 혜택받을 수 있는 영역도 분명해 보여, SM과 전속 계약도 지키면서 서로 원윈(win-win) 수 있는 선택을 한 셈이다. 새로운 시도를 한 이 '워크숍' 시스템이 성공적인 본보기가 되어서, 개인 활동과 팀 활동이 같이 조화될 수 있다는 것을 보여주었으면 한다. SM에 소속된 아이돌 그룹의 중국인 멤버나 앞으로 데뷔할 중국인 연습생들이 크리스와 루한처럼 무단 팀 이탈로 법적 분쟁을 겪는 일은 다시 없기를 바란다. 감정적인 호소지만, 전속 계약이 만료될 때까지는 팀의 결속과 멤버들 간의 의리를 지켜주는 것이 팬들을 위한 배려가 아닐까.

중국 시장은 젖과 꿀이 흐르는 기회의 대륙이기도 하지만, 해결해야 할 난제가 많은 어렵고 복잡한 곳이기도 하다. 저작권 개념 정착 등 중국 현지의 사회적 인프라나 정책 및 법률 문제도 거대한 산처럼 느껴진다. 이러한 문제는 시간이 걸리겠지만 차차 개선되리라 본다. 세계 경제대국으로 성장한 중국이 앞으로 국제사회의 규범과 흐름을 무시하긴 힘들 것이다. 중국의 연예산업이 SM 등 한국 기획사의 방식을 따라 막강한 내수 시장을 바탕으로 아이돌 산업을 일굴 수도 있다. 섣불리 예측하거나 답을 내리기 힘들지만, 중국 시장의 변화를 주시하고 발빠르게 대처해야 할 것이다. SM에서도 이에 대한 대책을 연구하고, 하나하나 풀어가는 단계라 본다. 과거에도 SM은 동방신기 분열 등 여러 시련들을 겪었지만 쉽게 흔들리지 않는 내공을 보여줬다. 세계를 향해 나아가는 중에 닥쳐온 파도를 넘는 과정이다.

## EXO와 일본 시장

EXO는 2014년 4월 11일부터 13일까지 일본 사이타마 슈퍼 아레나에서 열린 팬미팅 〈EXO Greeting Party in Japan "Hello"〉에 출연한다. 팬미팅은 〈MAMA〉 〈늑대와 미녀〉 〈으르렁〉 등 히트곡을 비롯한 9곡의 무대로 꾸며졌고, 좋은 분위기로 질문과 답변 시간이 이어졌다. **관객석은 팬들이 준비한 응원 도구인 은색 펜라이트로 은색 물결을 이루었고, 뜨거운 환대에 EXO 멤버들은 매우 감격해 한다.** 정식 콘서트도 아닌 팬미팅 이벤트를 10만 명 규모로 개최하는 것은 무척 이례적인 일이었고, 개최 전부터 티켓 응모 건수가 50만 건을 돌파하는 등 폭발적인 반응을 얻어 4회로 예정되었던 이벤트를 5회로 늘리기도 했다. EXO의 일본 방문은 데뷔 후 2년 만에 처음 이루어진 것이었다. 유튜브에 올라온 이날의 공연 영상을 보면서, 필자는 일본팬들의 반응에 격세지감을 느꼈다. 일본에 가서 열렬한 환호를 받는 EXO가 마치 8~90년대 한국에 내한공연을 온 해외 유명 팝스타같이 느껴졌기 때문이다. 특급 해외 아티스트의 첫 일본 방문 공연이랄까? EXO가 한국어로 노래를 부르고 아주 당연하게 한국말로 이야기를 하면 통역사가 한

마디 한 마디 통역을 하고 그때마다 팬들이 환호를 보낸다. 그동안 일본에 간 한국 가수들이 적극적으로 일본어를 구사하던 것을 떠올리면 이 모습이 꽤나 신선했다.

〈돌아와요 부산항에〉로 일본에서 인기를 끈 조용필, 일본 전통가요 엔카를 불러 일본에서 자리 잡은 계은숙, 김연자 등은 일본 성인가요 시장에서 반향이 있었다. 이들은 철저히 일본 취향에 맞는 일본화 된 모습을 보여주었다. 이후 아이돌로서 H.O.T.가 처음 중국에 진출할 때, 일본 시장에는 S.E.S.가 진출한다. 그러나 일본의 높은 진입 장벽으로 실패를 맛본 S.E.S는 일본인들에게 친숙한 음악을 하는 아이돌로 재단장되기에 이른다. 그러나 이 또한 일본 시장에서 성공하지 못한다. 14살의 보아에 이르러 비로소 K-pop으로 일본 시장을 열었다. 파워풀한 춤을 추며 가창력까지 갖춘 소녀 가수 보아에게 일본인들은 신선한 충격을 받았고, TV 프로그램에 출연하며 일본어를 매끄럽게 구사하는 모습에 마음을 연 것이다. 이로써 보아는 한국인 최초로 오리콘 차트 1위를 비롯하여 밀리언셀러를 세 번이나 기록하며 일본에서 대성공을 거두고 기울어가던 SM을 회생시킨다. 윤하도 보아의 예를 따른 경우로 일본어 구사능력을 갖추고 일본에서 먼저 데뷔한다. 이렇듯 일본 시장 진출을 위해서는 일본어 구사능력은 필수로 여겨졌다. 음반 시장의 규모만 보면 일본은 미국 다음으로 세계 2위의 규모를 가진 큰 시장이다. 그만큼 중요한 주력 시장인 일본을 위해서는 역시 현지화전략을 택했던 것이다.

그러나 EXO에 와서는 그 양상이 바뀐다. 굳이 일본 대중의 마음을 열기 위한 노력을 보인 바가 없는데도, 팬덤이 그냥 따라와 주는 모습이다. EXO는 일본에서 정식 데뷔한 적이 없고, 정식으로 일본 앨범을 발매한 적도 없다. 물론 따로 프로모션을 한 적도 없다. 2014년 4월의 팬미팅 이전까지 일본에서 단독 공식 활동을 한 적이 없고, 2012년 8월에 〈SM Town Tokyo 콘서트〉에 출연한 것이 전부다. 처음부터 중국과 한국에 초점이 맞춰진 EXO는 일본 시장을 크게 염두에 두지 않았다고 볼 수 있다. 이미 일본 시장에 진출했던 K-pop과 한류의 역사가 있고, 그로 인해 한국의 콘텐츠에 대해 관심 있는 팬들이 상당한 터다. 따라서 관심 있는 팬들은 알아서 EXO에 대해 찾아보고 관련 콘텐츠를 어떻게든 소비할 것이란 판단이 가능하다. SM으로서는 일본 시장이 어느 정도 예측이 수월하다고 판단한 듯, 굳이 시간과 수고를 더 들이지 않았다. EXO는 애초에 한국과 중국 시장을 동시에 공략하기 위해 탄생했기 때문에 한국과 중국에 올인하는 것이 더 시급한 일이었다.

그동안 일본에서는 '카라', '소녀시대'를 비롯한 여성 그룹의 붐과 더불어 남성 그룹도 많이 진출하여 K-pop 열풍을 일으켰다. 2011년에 '카라'가 음반으로만 일본에서 730억 원의 매출을 올렸다 하니, 실질적으로 돈이 되는 시장은 일본이었다. 그러나 약 3년간 일본에 불었던 K-pop 열풍은 최근 식어버린 듯하다. 일본 오리

콘에서 발표한 2013년 연간 매출액 순위에서 TOP 5 안에 한류 아이돌은 없으며, 그나마 TOP 10에 동방신기가 아슬아슬하게 올라있다. 하지만 동방신기는 한류 열풍과는 별개로 언제나 일본에서 꾸준히 인기가 있었던 그룹이므로 예외로 봐야 할 것이다. 한류가 식은 것과 더불어, 일본의 음악 시장도 다소 축소되었다. 일본은 오프라인 음반 매장이 1,400개를 웃돌고, CD가 전체 음악시장의 약 80퍼센트를 차지했던 음반 강세국이다. 한류 아이돌이 일본에서 강세를 보였던 것도 바로 '음반' 부분이었다. 그런데 음악 시장의 축이 디지털 음원으로 옮겨가면서 시장이 급격하게 흔들리기 시작한 것이다. 이외에도 일본 대지진이나 정치적인 문제 등으로 일본 시장이 전반적으로 활기를 잃은 것도 간과할 수 없다. 한국 시장의 약 14배 정도의 규모를 자랑하던 일본의 음반 시장이 하향세를 보이는 분위기라 일본 진출이 더 이상 예전만큼의 메리트를 주지 못하는 듯하다.

## EXO와 비(非)아시아권 해외 팬들

2013년 베스트 K-pop송 1위. 2013년 미국에서 세 번째로 많이 본 뮤직비디오. 2014년 주목할 아티스트 14팀 중 유일한 아시아 아티스트. 전부 EXO에 관한 것들이다. **아이돌 세대교체의 주역으로 떠오른 EXO는 선배 그룹보다 더 명확하게 글로벌 시장 진출을 위해 태어났다.** 그리고 실제로 해외에서 많은 인기를 얻고 있다. CJ E&M 스마트미디어사업본부에서 2013년 한 해 동안 M.net 〈엠카운트다운〉의 순위 결정에 참여한 해외 팬들의 투표 데이터를 분석한 결과, EXO는 특히 북미와 호주에서 강세를 보이는 것으로 나타났다. 유럽에서는 샤이니, 일본에서는 김현중, 중국에서는 f(x)와 신화가 높은 인기를 나타내 국가별로 선호하는 K-pop 아티스트에 뚜렷한 차이를 보인다.

EXO는 2011년 12월 23일 첫 티저인 카이의 티저가 유튜브에 공개되었을 때 145만 건 이상의 조회수를 기록하면서 전 세계 K-pop 팬들의 이목을 집중시켰다. 데뷔곡 〈MAMA〉의 경우엔 공개 하루 만에 총 조회수 100만 뷰를 돌파하였고,

〈으르렁〉은 공개 하루 만에 400만 뷰를 육박하는 조회수를 자랑하였다. 〈중독〉
역시 6일 만에 K버전과 M버전 도합 유튜브 조회수 1,000만 뷰를 넘겼다. 특히
해외에서는 아티스트의 뮤직비디오를 보는 자신의 반응을 찍어 올리는 reaction
동영상이 보편적인데, 유튜브에 약 15만 개 가까이 되는 EXO의 reaction 동영상
이 올라와 있다. 물론 EXO의 공식 뮤직비디오에도 많은 댓글이 달려 있다. 누가
EXO를 사랑하지 않을 수 있겠느냐, 놀랍고 너무 멋지다, 아이돌 자체는 좋아하
지 않지만 이 그룹의 노래는 정말 훌륭하다, K-pop 제일 가는 댄스 그룹이다, 같
은 댓글들이 달려있다.

2014년 5월 7일, EXO의 미니 앨범 〈중독(Overdose)〉이 EXO-K의 한국어 버전
및 EXO-M의 중국어 버전으로 전 세계에 동시 공개되었다. 공개 5일째 되는 날
에도 EXO-K의 앨범은 태국, 말레이시아, 홍콩, 부르나이의 4개국의 아이튠즈
톱 앨범 차트 1위를 비롯해 미국, 캐나다, 스웨덴, 핀란드 등 총 20개국 아이튠즈
메인앨범 차트 톱 100 안에 진입해 있었다. EXO-M의 중국어 버전 앨범 또한 13
개국 아이튠즈 메인앨범 차트 톱 100안에 자리 잡았다. 공개 직후부터 해외 여러
나라에서 동시다발적 관심을 이끌어 낸 EXO의 앨범에 전 세계 팬들의 호응이
계속되고 있음을 알 수 있다. 같은 달 16일 발표된 '빌보드 200'에서도 EXO-K
의 한국어 앨범이 129위를 차지했다. 이는 한국 남자 가수 사상 최고 순위로서
EXO의 글로벌한 인기를 다시 한 번 입증하는 것이었다. 뿐만 아니라 EXO-K의

〈중독〉은 빌보드 히트시커스 앨범 차트 1위, 월드 앨범 차트 2위를 차지했으며, EXO-M의 〈중독〉도 월드 앨범 차트 5위, 히트시커스 앨범 차트 8위에 올랐다. 아이튠즈나 빌보드의 앨범 차트는 세계 최대 대중음악시장인 미국의 반응을 알 수 있는 척도이다. EXO가 미국에서 별도의 프로모션이 없었다는 것을 고려하면 그야말로 쾌거였다.

SM 아티스트들은 2011년 10월, 아시아 가수로서는 최초로 팝 문화의 메카인 뉴욕 매디슨 스퀘어 가든에서 〈에스엠 타운 라이브 월드 투어 인 뉴욕(SM TOWN LIVE WORLD TOUR in NewYork)〉 공연을 성황리에 마친 바 있다. 이 콘서트는 2008년부터 시작되어 서울, LA, 파리, 뉴욕, 도쿄, 상하이 등 전 세계 주요 도시에서 성공적으로 개최됐으며 계속 진행 중이다. 이 공연에서의 해외 팬들의 열광적인 반응을 보면 SM과 K-pop의 위력을 실감할 것이다.

K-pop 아이돌 그룹의 춤, 노래, 패션을 따라하는 '커버(Cover)'현상도 미국이나 유럽 등지의 비(非)아시아지역에 넓게 퍼져있다. 대학교 캠퍼스에서 공연의 형태나, 광장에서의 플래시 몹 형태 등으로 커버 댄스 영상을 유튜브로 쉽게 찾아볼 수 있다. 태국 등 동남아에서는 커버 현상이 K-pop 초기부터 이미 하나의 문화로 굳어졌으며, 2011년도부터 시작된 국제 아마추어 댄스 대회인 〈케이팝 커버댄스 페스티벌〉에서 태국팀 '밀레니엄 보이'가 EXO의 〈으르렁〉으로 우승을 차지

한 바 있다.

유튜브, 아이튠즈로 대표되는 인터넷 미디어와 디지털 음원의 시대에, 물리적인 거리는 더 이상 장애가 아니게 되었다. 실제로 이러한 인터넷 환경을 통해 해외 K-pop 시장이 급속도로 발전했다. 영미권의 음악을 빠르게 흡수해 동양적으로 세련되게 소화한 스타일, 수년간의 연습생 생활을 통해 길러진 탄탄한 가창력과 완벽한 군무, 무대 위의 잘 짜인 퍼포먼스를 보면 벅찬 감정의 카타르시스를 준다. 이것이 K-pop이 해외에서 유명세를 타기 시작한 큰 이유라 본다. 일단 K-pop 아이돌에 관심을 갖게 되면 멤버별로 댄스, 노래, 예능 등의 차별화된 매력이 보이며 '팬심'이 생기고, 좋아하는 멤버를 각자 취향대로 골라가며 '팬질'을 하는 재미가 생긴다. SM은 팬들의 환상을 충족시켜주는 멤버별 캐릭터와 캐릭터 간의 관계성을 아이돌 초창기부터 지금껏 매우 잘 활용해왔다. EXO는 바로 그 정점에 있다.

해외 팬들은 아무래도 국내 팬들보다 K-pop 아이돌을 접하기가 힘들고 한정적인 콘텐츠만을 소비할 수밖에 없다. 그러다보니 상대적으로 아이돌에게 더 신비감을 가지고 있는 경우가 많고, 아이돌 멤버를 과하게 캐릭터화시키는 경향이 있다. 팬들 사이에서도 과한 상상을 하는 팬들을 일컫는 소위 '망상분자'의 비율이 해외에 압도적으로 많다고 한다. 아이돌을 마치 영화나 만화의 캐릭터처럼 과하

게 상상하는 경우인데, 영어권에서도 이런 '덕후'(오타쿠를 뜻하는 인터넷 은어)
스러운 팬들이 일정 정도 팬덤을 형성하고 있는 듯하다. 그러나 어디까지나 일부
의 양상일 뿐, 해외 팬들도 아이돌을 아티스트로 좋아하는 것이며 그만큼 반응
이 크다는 것이다.

chapter

8

# EXO의
# 스토리텔링 전략

EXO는 초능력 설정으로 데뷔 초에 주목을 받았다. 팬들은 그들의 티저 영상과 뮤직비디오를 분석하며 스토리를 만들어보기도 했다. 아이돌의 주 소비층인 10~20대에게 이러한 판타지 설정이 익숙하기도 하고 호응이 높은 편이라 팬덤을 형성하는 데 기여했다는 분석도 나온다. 또한 모 화장품 브랜드의 광고 모델로 화보를 내며 멤버들의 초능력 설정을 피부를 위한 초능력이라는 콘셉트로 연결시키기도 했다. 판타지적인 캐릭터 설정으로 대중의 관심을 불러 모으고, 이후에도 그 설정을 다른 상품의 마케팅에까지 적절히 활용한 예다.

스페이스_첸

179

허경영이 말했다 "EXO는 나를 모방한 것일 뿐"

"EXO는 나를 모방한 오마주일 뿐. 내 눈을 바라봐. 넌 초능력이 생기고"라는 문구와 함께 정치인 겸 가수로 유명한 허경영의 사진이 케이블 채널 tvN의 〈SNL 코리아〉 공식 페이스북에 올라와 눈길을 끈 바 있다. 허경영의 이런 발언은 처음이 아니었다. 지난 2013년 11월에도 SBS E! 채널의 〈K-STAR news〉 전화 인터뷰에서 "EXO가 누구인지 아느냐"는 질문에, "안다, 〈으르렁〉을 부른 가수 아니냐"라고 하며 "빛의 능력, 순간 이동, 물의 능력 등 EXO 멤버들의 초능력은 전부 내 흉내를 내는 것이고 나를 모방한 것이다"라고 말해 화제를 불러일으켰다.

허경영은 신빙성 없는 공약과 황당한 주장을 펼쳐 논란을 빚은 정치인으로 처음 이목을 끌었다. 2007년 대선 때까지는 정치적 행보를 보여 왔으며, 당시 한나라당의 대표이던 박근혜 전 대표와의 결혼설을 퍼트려 명예훼손 혐의와 17대 대선의 허위사실 유포 혐의로 체포되어 1년 6개월간 수감생활을 했다. 출소한 후 2009년 8월 첫 번째 디지털 싱글 〈Call Me〉를 발표하며 가수로 데뷔한다. 9월에는 홍대 클럽에서 〈Right Now〉라는 이름의 단독 콘서트까지 성황리에 마쳤다. 본인이 설립한 '본좌 엔터테인먼트'에 소속되어 있고, 지금까지 5개의 디지털 싱글과 베스트 음반 1개를 발표했으며, 이 중 〈Call Me〉와 〈허본좌 허경영〉이라는 노래는 노래방에도 등록되어 있다. 콘서트도 다섯 번을 했고, 일본 아사히 TV를 비롯해 MBC 〈PD 수첩〉, KBS 〈폭소클럽〉, tvN 〈Enews〉 〈화성인 바이러스〉, OBS 〈코미디多 웃자GO〉 등 여러 매체에 출연하며 연예인급 행보를 이어간다. 도를 넘은 허언 때문에 그를 비판하는 시사 프로그램도 꽤 있었으나, 어느 때부터인가 그에게 호기심과 재미를 느끼며 '어디까지 가나 보자'하는 심정으로 지켜보는 사람들이 많아졌다. 대중들이 그의 정치적 행보보다는 그가 지녔다고 주장하는 초능력이라던가 예수와 동급이라는 주장 등을 흥미 위주로 주목하게 되면서, 이제는 그를 정치인이라기보다 연예인으로 받아들이는 분위기다.

그가 자신이 지녔다고 주장하는 초능력을 보면 공중부양, 축지법, 유체이탈 등은 기본이다. 그의 말에 따르면, 자신은 은하에서 왔으며 외계인과 교신이 가능하다고 한다. 좀 더 구체적으로 들어가면, 취침할 때마다 우주 시간으로 10시간씩 창조주를 만난다던가, 자신의 이름을 부르면 엄청난 에너지가 나와 수영선수 박태환도 세계기록을 깰 수 있고 암도 예방할 수 있다던가… 이쯤 되면 더 이상 사실 여부는 논할 가치가 없어 보인다. 그러나 허경영이 주장하는 황당무계하고 허무맹랑한 초현실적인 이야기들은 그에게서 처음 나온 것은 아니다. 따지고 보면 지구 상에 존재하는 많은 이야기들에서 한 번쯤 들어본 것들이다. 마블코믹스를 바탕으로 한 할리우드 영화에서 초능력을 지닌 슈퍼히어로는 수도 없이 보아왔으며, 외계에서 왔다는 설정은 '슈퍼맨'이 쉽게 떠오르듯 매우 고전적인 것이다. 만화나 영화에서 초능력, 외계인, 시간여행, 돌연변이 등은 Sci-fi 판타지물의 단골 설정이다. TV 드라마 〈별에서 온 그대〉가 외계인과 지구인의 로맨스를 발랄하게 그려 인기몰이를 했고 중국에서도 '초대박'을 터트린 적이 있다. 심지어는 예능 프로그램인 〈런닝맨〉에서도 멤버들에게 초능력 설정을 부여한 초능력자 편이 인기를 끌었다. 대중문화 소비자들도 호기심과 상상력을 자극하는 판타지 코드를 자연스럽게 받아들이며 관심을 보인다. 대중들은 이런 판타지가 실제로 가능하지 않다는 것을 알고 있지만, 알면서도 속아주고 즐기는 것일 뿐이다. 단지 작품 내에서 그것이 '있을 법한' 수준의 개연성만 있다면 그것으로 충분하다고 여긴다.

EXO 멤버들의 초능력 설정 역시 이 같은 맥락에서 나온 것이다. 굳이 허경영의 초능력을 모방한 것도 아니고, 아예 없던 설정과 이야기를 새롭게 들고나온 것도 아니다. 그저 대중문화의 유행과 흐름 속에서 나온 것일 뿐이다. 만화, 영화, 드라마의 판타지 코드를 아이돌에 도입했다고 보면 될 것이다. EXO 말고도 초능력이나 판타지 설정을 차용한 아이돌들이 더 있다. 외계 전사 콘셉트의 보이그룹 'B.A.P'와 하늘에서 떨어진 천사라는 콘셉트의 걸그룹 'AOA'가 그러한데, 이들은 모두 EXO와 마찬가지로 2012년에 데뷔했다. 2010년대 들어 과포화된 아이돌 시장에서 차별화 방법을 찾던 기획사들이 도입한 스토리텔링 마케팅 전략이라 할 수 있다.

실제 EXO는 초능력 설정으로 데뷔 초에 주목을 받았다. 팬들은 그들의 티저 영상과 뮤직비디오를 분석하며 스토리를 만들어보기도 했다. 아이돌의 주 소비층인 10~20대에게 이러한 판타지 설정이 익숙하기도 하고 호응이 높은 편이라 팬덤을 형성하는 데 기여했다는 분석도 나온다. 또한 화장품 브랜드 '더페이스샵'의 광고 모델로 화보를 내며 멤버들의 초능력 설정을 피부를 위한 초능력이라는 콘셉트로 연결시키기도 했다. 판타지적인 캐릭터 설정으로 대중들의 관심을 불러모으고, 그 후에도 그 설정을 다른 상품의 마케팅에까지 적절히 활용한 예다.

## 생명의 나무

EXO의 탄생 배경을 알 수 있는 **데뷔곡 〈MAMA〉의 뮤직비디오 인트로에 삽입된 내레이션은** 다음과 같다.

When the skys and the grounds were one, the legend, through their 12 forces, nurtured the tree of life.

-하늘과 땅이 하나였을 때, 전설은 12개의 힘으로 생명의 나무를 돌보았다.

And eye of red forces created the evil, which coveted the heart of tree of life and the heart slowly grew dry.

-붉은 기운의 눈이 악을 만들고, 생명의 나무의 심장을 탐해 나무의 심장이 말라갔다.

To attend and embrace the heart of tree of life, the legends hereby divide the tree in half and hide each side.

-전설이 나무의 심장을 보듬어 살펴 나무를 둘로 나누어 숨기나니

Hence, time is overturned and space turns askew.

-시간은 뒤집어지고 공간은 어긋난다.

The twelve forces divide into two and create two suns that look alike.

-12개의 힘은 반으로 나뉘고 꼭 닮은 두 개의 태양을 만든다.

Into two worlds that seam alike, the legends travel apart.

-꼭 닮은 두 개의 세상으로 전설은 나누어 움직인다.

The legends shall now see the same sky but shall stand on different grounds,

-전설들은 같은 하늘을 보지만 다른 땅을 밟을 것이고,

Shall stand on the same ground but shall see different skies.

-같은 땅을 밟지만 다른 하늘을 볼 것이다.

The day the grounds beg and a single file before one sky,

-하나의 하늘에서 땅들이 일렬의 행을 낳는 날,

In two worlds that seem alike, the legends will greet each other.

-꼭 닮은 두 개의 세상에서 전설들은 서로의 안부를 묻는다.

The day the red forces purified and the twelve forces reunite into one perfect root,

-붉은 기운을 완전히 정화시켜 12개의 힘이 하나의 뿌리로 완벽한 하나가 되는 날,

A new world shall open up.

-새로운 세계가 열리리라.


EXO는 설정 상 EXO planet이라는 외계 행성에서 온 아이돌이다. 기억도 초능

력도 잃은 채 지구에 오게 된 이들이 힘을 되찾고 적을 물리치는 스토리를 다루고 있다. 이런 설정들은 EXO가 데뷔 전부터 프로모션으로 내보내던 티저 영상부터 드러나 있으며, 데뷔곡인 〈MAMA〉의 뮤직비디오는 그 결정판으로 판타지적인 세계의 설정을 인트로부터 내레이션으로 풀어놓으며 시작한다. 마치 톨킨의 3부작 판타지 소설을 바탕으로 한 영화 〈반지의 제왕〉 인트로의 세계관을 설명하는 내레이션을 연상케 한다. 이런 설정들은 기존 아이돌 팬뿐만 아니라 아이돌 문화에 관심이 없던 소설, 애니메이션, 영화 등 판타지 장르의 소비층을 자극시키며 그들도 EXO의 팬덤으로 흡수하는 효과를 가져 온다. 이미 아이돌이라는 문화 상품의 기획부터 10~20대 젊은 층의 하위문화, 소위 '덕후'라고 하는 마니아 문화에까지 깊숙이 파고들어 연구하고 그 분야의 전문성을 끌어온 것이라 추측된다. 팬들은 이러한 설정과 이야기를 해석하며 '세계관'이라 부르기 시작했고 일부 팬들 사이에서는 'EXO학'이라고까지 불리며 제각기 연구하고 공유하는 것을 즐기는 모양새다. 그중 팬들 사이에서 정설로 받아들여져 정리되는 '세계관'이라는 것이 상당히 탄탄하게 느껴진다.

인트로의 내레이션을 간략히 풀이하자면, 12개의 전설들은 각각의 힘을 가지고 EXO planet의 중심인 '생명의 나무'를 돌보았는데, '붉은 기운의 눈'이라는 어떤 악한 존재로 인해 위험에 처하자, 나무는 둘로 나뉘고 12개의 힘은 6개씩 나누어 숨겨진다. 그 과정에서 시공간이 뒤틀려 둘로 나뉜 그룹은 평행 세계에 살며 서로의 존재를 모르게 된다. 그런데 하나의 하늘에서 땅들이 일렬의 행을 낳는 날인 일식이나 월식 때 두 세계의 통로가 개방되어 서로의 존재를 인식한다. 서로의 소통으로 붉은 기운을 정화시켜 둘로 나뉘었던 불안정한 세계를 완전한 하나로 만드는 것이 이야기의 최종 목표다. 여기서 12개의 힘은 각각 EXO 멤버들이 가진 힘(물, 불, 바람, 땅, 빛, 결빙, 번개, 비행, 치유, 텔레포트, 염력, 타임컨트롤)을 의미한다. 지구에 불시착해 기억과 힘을 잃은 채 살아가는 12명의 멤버들은 평행 세계에 나뉘어 존재하고, 이는 EXO가 EXO-K와 EXO-M으로 나누어진다는 것을 의미한다. 이렇게 나뉜 EXO 멤버들은 일식이나 월식을 통해 비로소 서로의 세계를 이을 수 있으며, 둘로 나누어진 EXO-K와 EXO-M이 완벽한 하나가 될 때, 생명이 나무가 하나가 되어 EXO가 되는 것이라는 이야기다.

여기서 맨 처음 등장하는 생명의 나무에 대해서도 많은 설이 있는데, 세계수라고 생각하는 것이 일반적이다. 북유럽 신화의 이드그라실, 크로아티아 신화의 물푸레나무, 루마니아 신화의 우주수 등 여러 신화에서 우주수(세계수)가 등장하는데 이와 비슷한 성질의 것이라고 추측된다. 돌연 발생한 악이 세계의 근간을 파괴하려 들며, 그것을 저지하는 과정으로 이야기가 전개되는 점에서 여러 나라의 창세 신화에서 찾을 수 있는 보편적인 스토리 라인을 따라간다.

'평행 세계' 또한 어디서 많이 본 느낌으로, 미국의 TV시리즈 〈프린지(Fringe)〉

를 떠올리게 한다. 〈프린지〉는 2008년부터 2013년까지 미국의 FOX 방송에서 방영되었으며, 상당한 팬을 거느리며 미스터리 마니아들의 지지를 받고 있다. 프린지 과학(비주류, 혹은 가짜 과학, 유사 과학)이라 불리는 패턴들을 수사하는 X-FILE 류의 수사물로 진행되는데, 가장 큰 특징인 평행 우주가 등장하게 되면서 두 세계 간의 붕괴와 그에 따른 사건들이 주요 요소로 떠오른다. 〈MAMA〉의 뮤직비디오 또한 EXO-K와 EXO-M이 평행 세계에 존재하며 각 그룹 멤버들의 초능력은 다른 세계의 멤버와 짝을 이루어 서로 대칭이 된다는 설정이다. 뮤직비디오를 보면, 간간이 등장하는 멤버들의 초능력과 그와 대칭을 이루는 상대방의 초능력을 볼 수 있다. 뮤직비디오도 EXO-K의 한국어 버전과 EXO-M의 중국어 버전이 각기 다르고 조금씩 차이가 존재하는데, 그 속에 존재하는 세계와 멤버 설정이 대칭을 이루며 맞춰보는 재미가 쏠쏠하다.

'12개의 힘'이라는 멤버들의 초능력 설정 또한 Sci-Fi 판타지 영화에서 많이 본 익숙한 것들이다. '공간이동' 능력이라던가, '타임컨트롤', '결빙' 능력 등 12명의 멤버가 가진 초능력들은 인기 시리즈 영화로 여러 명의 초능력자가 나오는 〈엑스맨〉을 떠올리게 한다. 물론 엑스맨은 돌연변이라는 것에서 다르지만 말이다. 〈MAMA〉 뮤직비디오에서는 공간이동 능력을 가진 카이가 시공간을 자유로이 넘나들 수 있다. 카이가 EXO-K의 세계와 EXO-M의 평행세계를 넘나들며 각 멤버들이 가진 초능력을 각성하게 하고, 각 멤버들은 서로의 존재를 깨닫기 시작한다는 내용을 담고 있다. 이를테면, K세계의 수호가 거울을 향해 '물'을 뿌리면 거울 너머 M세계에 있는 시우민이 흩뿌려진 물을 이용해 방 전체를 '결빙'시킨다 던가, K세계의 백현이 작은 거울을 향해 '빛'을 쏘면 M세계의 레이가 그 힘을 받아 시든 꽃을 되살리는 '치유' 능력 보여준다. 또 K세계의 디오가 내리친 '땅'의 진동(힘)이 M세계의 첸에게 느껴지고 첸이 대지를 향해 '번개'를 흘려보낸다는 식이다. 마치 한 멤버의 능력을 반대쪽 세계의 멤버가 넘겨받아 사용하는 양상이 다. 각 멤버는 초능력을 상징하는 엠블럼을 갖고 있고, 반지나 팔찌 등의 액세서리로 착용하고 있는 모습을 볼 수 있다. 팬들 사이에서는 이 엠블럼을 착용했을 때 힘을 사용할 수 있다는 것이 정론처럼 받아들여지고 있다. 각 멤버의 초능력 관계는 다음과 같다.

카이(텔레포트) – 루한(염력)

디오(대지/힘) – 첸(번개)

수호(물) – 시우민(빙결)

백현(빛) – 레이(치유)

찬열(불) – 크리스(비행)

세훈(바람) – 타오(타임컨트롤)

## 초능력을 각성하라

EXO의 판타지 스토리와 관련해 SM에서 공식적으로 발표한 정론이 따로 없는 관계로, 대부분의 팬들은 2011년 12월 23일 홈페이지의 타이머 공개와 동시에 세 달간 발표되었던 23개의 티저의 내용과 〈MAMA〉 뮤직비디오의 내레이션 및 내용, 그리고 세계관과 밀접한 연관이 있을 것으로 추정되는 〈History〉의 가사 등을 바탕으로 기본적인 설정을 해치지 않는 선에서 EXO의 설정이나 세계관을 추측하고 있다. 〈History〉의 가사는 '둘로 깨져버린 채 힘을 잃었지만 하나임을 알고 강해진다'라는 내용을 담고 있으며, 후렴구를 잠시 살펴보면 다음과 같다.

돌고 돌아서 다시 시작하는 곳에 다 왔어
Yeah- EXO-M, EXO-K 우리가 시작하는 미래 History
저 태양처럼 거대한 하나란 걸 아는 날
Oh- 하나의 심장에, 태양에 끝없이 우린 하나로 강해지고 있어
I need you and you want me, 지구란 이 별에서 오 오

Every, every, everyday 내가 만든 History

23개의 티저와 〈MAMA〉 뮤직비디오의 내용은 지구에 떨어진 12명의 EXO 멤버들의 만남과 소통을 다루며, 반대쪽 세계에 있는 자신의 짝을 인식하여 능력을 각성하고 자신들이 처한 상황(EXO planet이 위협받아 현재 상황이 되었다는 것)을 자각하는 것으로 받아들이는 게 일반적이다. 특히 카이-루한 페어의 경우, 넘어갈 수 없는 두 세계를 공간이동으로 넘어갈 수 있다는 것과 염력(또는 고도의 정신능력)을 이용하여 반대쪽 세계의 멤버들을 지켜볼 수 있다는 것 때문에 스토리의 주축으로 받아들여지고 있다. EXO-M의 루한은 염력 또는 예지력과 비슷한 정신능력으로 EXO-K쪽을 지켜보고 있으며 카이와 더불어 가장 먼저 능력을 각성했다고 볼 수 있다. 다른 멤버들은 모두 카이의 등장에 경계하거나 놀라는 데 반해 루한 만은 놀라지 않고 태연하게 그를 맞이하는 것에서 알 수 있다. EXO-K의 카이는 공간이동 능력을 사용하여 기억과 힘을 상실한 다른 멤버를 찾아 능력을 각성시킨다. 마지막으로 나온 23번째 티저에서 카이는 정지해 있는 다른 멤버들을 깨우러 다니는 형식의 춤을 춘다. 이를 통해 카이가 그들의 능력을 각성시키는 존재라는 사실을 명확하게 드러낸다.

〈MAMA〉 뮤직비디오의 내레이션은 찬열이 등장하는 20번째 티저 '엘도라도'에서도 다시 한 번 등장한다. 찬열이 뒤적이는 고서에 나오는 영어로 된 내용을 대충 조합하니 〈MAMA〉의 첫 내레이션과 비슷한 내용이 나왔다. 아마도 그것을 문서화한 고대 서적이라고 설정한 듯하다. 동일한 공간에서 서로를 인지하지 못한다는 것이 가장 명확하게 드러난 티저는 디오와 수호가 함께 등장하는 16번째 티저이다. 두 사람이 접촉이 가능할 정도로 가까운 거리에 있음에도 불구하고 서로를 인지하지 못하다가 일식이 진행됨과 동시에 비로소 서로를 인지한다. 그런데 팬들은 디오와 수호가 서로 다른 세계의 멤버가 아니라 한쪽인 EXO-K의 멤버라는 것에서 설정상 구멍이라고 지적하기도 했다. 이는 아마도 티저를 제작하고 데뷔를 준비하는 과정에서 멤버 구성이 변동되었던 흔적이라고 추정할 수 있다. EXO의 23개 티저와 여러 뮤직비디오에서는 특히 일식과 월식이 많이 등장한다. 이는 〈MAMA〉의 내레이션 속 "하나의 하늘에서 땅들이 일렬의 행을 낳는 날"이라는 문장을 계속적으로 지시한다.

스페셜 앨범으로 나온 〈12월의 기적〉 뮤직비디오에서도 월식을 확인할 수 있고, 심지어 가사에는 "이 초라한 초능력 이제 없었으면 좋겠어"라는 말이 나온다. 뮤직비디오를 보면, 크리스마스를 맞아 각자 좋아하는 누군가를 추억하며 선물을 준비하는 멤버들의 모습이 보인다. 선물을 들고 길을 나서는 멤버들. 시우민이 옷에 달린 '빙결' 엠블럼을 만지자 하늘에서 눈이 오기 시작하고, '시간을 멈춰'라는 가사에 맞춰 타오가 손가락에 낀 '타임컨트롤' 엠블럼을 들자 시계가 거꾸로 가며 길을 가던 사람들도 뒤로 백워드 되고 땅으로 내리던 눈도 하늘로 올라간다. 날리던 눈이 멈추며 시간이 멈춘 상태가 되자, 꽃을 든 세훈이 한 여자를 보며 미소 짓는다. 그러나 곧 그녀는 사라지고 눈도 다시 내린다. 그 순간이 과거의 순간이란 것을 깨닫는 듯한 세훈. 길을 나섰던 다른 멤버들도 현재를 자각한 듯 눈물을 흘린다.

2014년, 중국인 멤버 크리스의 이탈을 시작으로 몇 달 후 루한까지 팀에서 이탈하자, 많은 팬들이 두 개의 평행 세계에서 짝을 이루던 초능력 세계관에 구멍이 생기게 된 것을 걱정했다. 그러나 EXO는 2015년 정규 2집 〈EXODUS〉로 컴백하기 전, 멤버 별로 제작된 프로모션 티저 영상 10개를 순차적으로 내놓으며 다시 초능력 스토리를 선보인다. 'Pathcode #멤버명'으로 이름 붙여진 1분 안팎의 짧은 영상들 10개는 세계 각지에 흩어져 있는 각각의 멤버들이 잊었던 자신의 초능력을 다시 깨닫는다는 내용을 담고 있다. 2명이 빠진 상황에서 12명이 아닌 10명의 멤버로 EXO의 초능력 세계관을 재정립해주는 것이다. 이 영상들에서도 일식이나 월식이 각성의 계기로 자주 등장하고, 멤버 각자가 자신이 가진 초능력을 사용하는 모습이 명확하게 나온다. 또한 세계 각지에 흩어져 있지만 서로 연결되어 있다는 암시를 계속 준다. 이는 영화 〈매트릭스〉로 유명한 워쇼스키 남매 감독의 최근작으로 한국 배우 배두나가 주인공 중 하나로 나오는 미국의 TV 시리즈 〈센스8〉과도 유사한 느낌을 준다. 이 시리즈에도 세계 각지에 흩어져 살아가고 있는 8명의 주인공이 나오며, 텔레파시로 서로 연결되어 있고 그것을 각성해서 함께 문제를 해결한다는 설정으로 스토리가 진행된다. EXO의 팬들은 'Pathcode' 영상들에 심어진 암호(code)들을 저마다 꼼꼼하게 풀이하며 다시 한 번 엑소의 스토리텔링에 열광했다. 이 10개의 영상들은 이전까지 서로 다른 두 개의 평행 세계에 존재하던 멤버들이 10명으로 재정비되어 하나의 세계에 모이게 되는 것이라는 해석이 가능하다. 이를 위해 디오에게 새로운 성격이 부여된다. 디오의 능력은 '대지의 힘'인데 이것이 이전까지 보여주던 파괴적인 힘이 아니라, 대지 또는 '지구'라는 하나의 공간으로 모든 멤버들을 모이게 하고 떠받치고 '지탱하는 힘'을 의미하는 것으로 그 성격이 바뀌었다고 볼 수 있다. 이로써 멤버들의 각성을 돕는 존재인 카이와 함께, 디오 또한 구심점이 되는 캐릭터로 새로이 등장한다. 2명씩 짝을 이루는 초능력 상관관계도 바뀌었다는 팬들의 의견이 제시됐다. 멤버 별 'Pathcode' 영상이 공개된 순서에 따라, 짝을 지어 배열하면 다음과 같이 그 속성을 계열화 할 수 있다.

카이(공간이동) - 타오(타임컨트롤) : 시공간
찬열(불) - 시우민(빙결) : 열 에너지
세훈(바람) - 수호(물) : 분자
첸(번개) - 백현(빛) : 전자기파
레이(치유) - 디오(대지/힘) : 신체 강화

EXO는 멤버들의 이탈이라는 심각한 변수에 대해서도 또 다른 설정을 도입하여 스토리텔링을 이어나가고 있다. SM이 EXO의 초능력 판타지 스토리를 구상할 때부터 이런 변수까지 고려하고 여러 변형을 미리 준비했던 것이 아닐까 하는 생각도 든다. 역시 놀라울 수밖에 없는 SM의 기획력이다.

## 늑대 소년으로 돌아오다

EXO를 인기 아이돌 그룹의 대열에 올려놓은 〈늑대와 미녀〉와 〈으르렁〉은 늑대 소년 콘셉트로, 데뷔곡 〈MAMA〉로 세계관을 선포하며 고수해왔던 그들의 초능력, 외계인 설정과는 거리가 있다. 가사를 들여다보면, 〈늑대와 미녀〉에서 화자는 늑대다. 야수의 힘을 지녔다는 것을 넌지시 과시하며 한입 식사거리 밖에 안 되는 인간(여자)에게 사랑을 느끼게 된 늑대의 마음을 표현한다. 뮤직비디오에는 늑대에서 인간으로 바뀌는 모습이 CG로 나오고, 안무에서도 발톱으로 땅바닥을 긁거나 울부짖고 몸을 긁어대는 등 늑대의 행동을 표현한다. 무대에 처음 등장할 때 일렬로 서있는 마치 '생명의 나무'처럼 보이는 동작도 사실 늑대의 모습을 표현하려던 동작이었다고 한다. 그러나 팬들에 의해 〈MAMA〉 시절의 생명의 나무를 형상화한 동작이라는 의견이 대두하고 지지를 받자, 이후 EXO도 이를 부인하지 않고 생명의 나무로 받아들이는 모습이다.

늑대 소년의 이야기는 이후 발표된 〈으르렁〉으로 이어진다. 가사는 한 여자를 둘러싸고 있는 여러 남자들 사이에서 그녀를 차지하기 위해 거칠어진다는 내용을 담았다. 늑대 소년의 이야기로 볼 수도 있고, 사랑하는 여자를 뺏기기 싫은 남자의 분노를 '으르렁'이라는 늑대 울음소리에 비유했다고 봐도 무방할 것이다. 이 늑대 소년이라는 콘셉트를 통해 EXO는 10대의 정서와 판타지를 담는다. 이미 10대 소녀들의 지지에 힘입어 흥행에 성공했던 송중기 주연의 〈늑대 소년〉이라는 영화가 있었고, 그 이전에 할리우드의 〈트와일라잇〉 시리즈는 뱀파이어와 인간 소녀의 10대 판타지 로맨스물로 전 세계적인 대히트를 기록했다. EXO는 〈으르렁〉의 뮤직비디오를 비롯해 무대에 설 때마다 교복을 입고 나와 이런 콘셉트를 정확히 어필한다. 한 여자를 향해 불타오르는 혈기왕성한 10대 소년이라는 정체성 말이다. 10대 소년의 이미지는 정규 1집 〈XOXO〉 앨범에 수록된 졸업사진 콘셉트의 멤버들 프로필 사진과 아트워크를 통해서도 일관성 있게 보인다.

EXO는 〈으르렁〉을 발표하기 전, 〈늑대와 미녀〉와 〈으르렁〉을 연결하는 드라마 버전의 뮤직비디오를 공개한다. 여기서 EXO 멤버들은 10대 고등학생들로 등장하는데, 주인공으로 나오는 루한에게만 인간을 뛰어넘는 괴력이 있다는 것을 심어 주어 늑대 소년 테마를 이어간다. 정규 뮤직비디오와는 다른 번외편으로 스토리를 계속 잇는 셈이다. 영화 〈늑대의 유혹〉도 떠오르고, 조금은 손발이 오그라드는 느낌의 익숙한 10대 드라마가 펼쳐지지만, 이들이 노린 지점을 계속 정확하게 드러낸다.

드라마의 주인공은 루한이다. 루한이 적들에게 쫓겨 추격전을 벌이던 중, 한 소녀와 골목에서 우연히 마주치게 되고 두 사람의 손이 서로 닿는 순간 루한의 손목에 새겨진 표식이 빛난다. 루한은 소스라치게 놀라 어둠 속으로 달려 사라진다. 다음날, 두 사람은 밝은 대낮의 교실에서 다시 만나고 어색하게 시선을 교환한다. 전학을 온 루한은 곧 이 학교의 학생들인 EXO 멤버들과 친해지고, 함께 어울리다가 소녀를 배웅하고 돌아서던 길에 불량배들과 마주친다. 전에 루한을 쫓던 이들이다. 이번에는 친구들과 함께 멋진 액션 장면을 펼치며 적들을 상대한다. 이때 루한은 흥분 상태로 힘을 제어하지 못하고, 자신을 말리기 위해 달려든 디오를 던져버린다. 친구들은 루한에게 불신의 시선을 보내며 냉정하게 떠나버린다. 이를 지켜보던 소녀는 혼자 남은 루한에게 다가와 묻는다. "너, 누구야? 너 뭐야?" 루한의 손목에선 다시금 표식이 빛나고, 소녀는 아무 말도 못하는 루한을 떠나가 버린다.

루한과 다른 멤버들은 이제 냉랭한 분위기로 서로의 시선을 피한다. 해칠 마음은 없었지만 능력을 제어하지 못한 실수로 친구들을 잃었고, 그것을 해명하기 위해서는 비밀을 말해야만 한다. 고뇌에 휩싸이는 루한. 한편, 다른 멤버들과 함께 병원에 입원한 디오에게 병문안 온 소녀는 멀리서 그들을 훔쳐보던 루한을 본다. 루한은 놀라 도망가고, 소녀는 모두와 헤어진 후 구석에 숨어 있던 루한을 찾아낸다. 루한은 지난번 싸움으로 인한 상처로 쓰러지고, 소녀는 그의 집으로 따라가 그를 간호한다. 아무 말도 하지 않았지만, 어쩐지 서로를 이해할 수 있을 것 같다. 그런데 '불량배 패거리가 소녀와 루한이 함께 있는 장면을 목격하고, 지난번 루한에게 당한 굴욕을 갚을 계획으로 소녀를 붙잡아 끌고 간다. 루한은 소녀를 찾아 혼자 그들의 아지트로 들어가 발군의 신체능력을 이용해 일대 다수로 맞서지만, 혼자로는 무리다. 결국 루한은 그들에게 맞아 쓰러지고 만다. 그때 소녀의 SOS를 받고 찾아온 멤버들이 등장해 망설임 없이 싸움에 동참한다. 멤버들의 도움으로 적들은 무릎을 꿇고, 루한은 소녀를 구하기 위해 달려간다. 적에게 주먹을 휘두르려는 순간, 그의 손목에서 표식이 강하게 빛난다. 순간, 흐려진 시야를 틈타 뒤에서 휘두른 쇠파이프에 머리를 맞는 루한. 적들은 모두 도망쳐버린다.

쓰러져 미동도 없는 루한을 끌어안은 소녀는 눈물을 흘린다. 소녀의 눈물이 루한의 손목에 떨어지고, 눈물에 젖은 표식은 흔적도 없이 사라져버린다. 그리고 밝은 은발이었던 그의 머리도 평범한 인간처럼 검은색으로 돌아온다. 눈을 뜬 루한은 자신을 둘러싸고 있는 친구들을 바라본다. 한편, 그의 집에 찾아온 그의 형제(크리스)는 루한의 능력이 사라졌음을 느끼며 분노하고. 형제를 되찾기 위한 이야기가 이어질지 궁금증을 남긴 채 드라마는 끝난다.

## 미로 탈출 암호 해독 놀이

EXO는 2014년 5월에 두 번째 미니 앨범 〈중독(Overdose)〉을 발표한다. EXO-K 와 EXO-M으로 나뉘어서 앨범을 냈고, 타이틀곡인 〈중독〉은 음원을 공개함과 동시에 주요 온라인 음원사이트의 실시간 차트 1위를 석권했고 뮤직비디오는 공 개된 지 10시간 만에 유튜브 집계 100만 조회수를 돌파했다. 견고한 팬덤과 더 불어 〈으르렁〉의 대중적 성공으로, 이제 EXO는 신곡을 내놓자마자 폭발적 반 응을 이끄는 아이돌계의 막강 대세가 된 것이다. 〈중독〉 또한 기본적으로 SMP 의 느낌이 깔려있지만, 귀에 꽂히는 후렴구로 대중성이 강화된 듯하다. 'Someone call the doctor. 날 붙잡고 말해줘. 사랑은 병, 중독, Overdose'라는 후렴구가 귓가 에 맴돌며 노래 제목처럼 중독성이 있다. 가사는 치명적인 사랑에 중독된 남자의 이야기를 감각적으로 묘사하고 있고, 뮤직비디오는 멤버들의 퍼포먼스에 집중하 고 있다. 그러면서도 미로 형상의 그래픽을 강조한 의상과 무대 디자인으로 '사랑 에 중독되어 미로에 갇혀버렸다'는 스토리텔링을 이어간다. 도입부에서는 미로에 갇혀 출구를 찾아 헤매는 멤버들의 모습을 보여주며 영화 〈큐브〉가 연상되기도

한다. 기하학적인 디자인의 무대는 SF 영화 세트를 떠올리게 하는 미래적인 느낌
과 함께 노래의 톤에 맞는 어두운 분위기를 자아낸다. 강한 스토리텔링으로 어필
했던 EXO의 이전 모습에 비하면 조금 단순화된 느낌이긴 하지만, 앞으로 이들
이 보여줄 스토리텔링의 연장선상에서 변화의 시작 단계에 있었다는 것이 더 놀
라움을 준다. '붉은 기운'에게 잡혀 미로에 갇혀버린 것일까? 이때부터 '미로'라는
설정이 부각되며 스토리텔링의 전면에 등장한다.

2014년 12월 홍콩에서 열린 MAMA(Mnet Asian Music Awards)에서 EXO는
2015년의 컴백을 예고하는 티저 영상을 선보인다. 이 영상을 보면 EXO의 로고
와 비슷한 형태의 미로에서 10개의 구슬이 미로를 빠져나왔고 2개의 구슬이 미
로에 갇혀있는 모습이 보인다. 〈중독〉에서 보여준 미로에 갇혀 헤매고 있다는 스
토리에서 드디어 출구를 찾아 빠져나왔다는 것으로 연결된다. 그 중 빠져나오지
못한 2개의 구슬은 팀을 탈퇴한 2명의 멤버(크리스, 루한)를 의미하는 것으로 볼
수 있다. 이 예고 영상처럼 EXO는 2015년 3월 30일, 10명으로 재정비해 정규 2
집 앨범 〈EXODUS〉를 내놓으며 컴백한다. 'EXODUS'는 이주, 대이동, 대탈출이
란 뜻이다. 미로에서 탈출하라는 경고 또는 이미 탈출했음을 알리는 듯하다.

〈EXODUS〉 앨범 발매 전 컴백 프로모션으로 EXO는 'Pathcode #멤버명'으로
이름 붙인 1분 내외의 멤버 별 영상 10개를 순차적으로 선보인다. 이 영상들의 주

된 테마는 흩어져 있는 각각의 멤버가 하나의 새로운 세상으로 이동 또는 탈출하기 위해 각자의 초능력을 재각성한다는 것이다. 2명의 멤버가 팀을 떠난 사건 이후, 초기 팬덤과 이른바 '덕후'들의 열렬한 호응이 있었던 EXO의 '초능력 세계관'이 이대로 붕괴되는 것인가 하는 실망과 낙담이 있었던 것이 사실이다. 그러나 이 'Pathcode' 영상으로 EXO는 팬들의 우려에 답하듯 '세계관'을 재정립시켜 논리적 허점을 덜고 초능력 스토리를 이어간다. 그리고 여기에 미로 탈출 스토리를 덧입히면, '평행 세계'를 떠나 하나의 세계로 통하는 출구로 나가는 과정이라 할 수 있다.

'Pathcode'는 사전적 정의는 없지만, 길이라는 뜻의 path와 암호라는 뜻의 code를 조합한 단어다. EXO 멤버들과 팬들 모두 미로를 빠져나오는 대이동을 해야 하고 이를 위해 암호를 풀어야 한다는 것이다. 실제 이 프로모션은 영상이 업데이트될 때마다 Pathcode의 SNS 계정(트위터 및 웨이보)에서 지령처럼 내려주는 힌트를 가지고 팬들이 영상에 숨겨진 암호를 해석하고 답을 풀어가는 방식으로 진행되었다. 10개의 영상은 배경이 되는 각 도시와 특정 시각이 표기되며 시작되었고, 스쳐지나가기 쉬운 디테일한 단서가 곳곳에 뿌려져 있었다. 팬들이 이 암호 (code)들을 풀어 EXO의 공식 홈페이지에 답을 입력하면 멤버의 화보 등 추가 콘텐츠를 열어볼 수 있었다. 팬들과 쌍방향으로 소통하는 인터렉티브 프로모션인 것이다. 데뷔 때부터 EXO는 티저 영상과 뮤직비디오 등을 통해 초능력, 평행 세계, 미지의 외계 행성 등을 스토리텔링의 설정으로 내세웠다. 팬들은 EXO의 콘텐츠 곳곳에 뿌려져 있는 스토리에 대한 단서, 이른바 '떡밥'을 토대로 EXO의 우주적인 스토리를 유추하고 해석하며 이것을 '세계관'이라고 불렀다. 팬덤에서 자생적으로 생긴 소통의 방식이며 하나의 놀이 문화로 여겨진다. 'Pathcode' 영상에 이르러서는 SM이 아예 이 '떡밥'을 놀이로 끌어와서 프로모션으로 이용하고, 팬들은 물고기떼처럼 달려들며 즐거워한다. 이 'Pathcode' 프로모션을 크리에이티브 디렉터로서 총괄한 SM의 비주얼&아트 디렉터 민희진 실장이 한 매체에서 밝힌 말에 따르면 "표현이나 의미에 있어 디테일을 무엇보다 중요하게 생각했다. 작은 것 하나까지도 의미와 파급력을 의도했다"라고 한다. 'Pathcode' 영상이 공개된 순서에 따라, 영상 속 암호에 대한 팬들의 여러 해석을 바탕으로 EXO의 스토리와 세계관을 나름대로 정리하고 구성해 보았다.

Pathcode #KAI. London 15:00.
언제나처럼 맨 처음 문을 여는 존재인 카이의 영상이 첫 번째로 공개됐다. 영국 런던을 배경으로, 카이는 파파라치 또는 추적자에게 미행을 당하는 듯 쫓기는 중이다. 카이가 손에 든 휴대폰에 찍힌 문자가 보인다. "Follow@pathcodeEXO". 런던의 어느 건물 옥상에 올라가 시내를 바라보던 카이는 자신의 존재를 각성한 듯 '순간이동'으로 순식간에 어디론가 사라진다. 이 영상을 보고 팬들은 이제 @PathcodeEXO라는 트위터 및 웨이보 계정을 통해 힌트를 전달받고, 다음 영상이 공개될 시각을 예상한다.

Pathcode #TAO. Barcelona 10:10.

바르셀로나의 한 카페에서 타오가 신문을 읽다가 이상 현상에 대한 기사를 보며 흠칫 놀란다. 순간 천정의 전등이 팍 나가며 시간이 멈추고 카페 안 사람들은 미동도 없다. 자신의 '타임컨트롤' 능력을 사용한 타오는 혹시 카페 안에 감시자가 있는 건 아닌지 살피며 카페 밖으로 다급히 나간다. 타오가 보던 신문에는 '혜성이 세계 10개 도시에서 관측되었다'는 헤드라인과 함께 비행물체의 사진이 실려 있었다. 이 기사가 다음 순간 타오를 위한 암호문으로 바뀌고, 이것이 타오를 각성시켰다고 풀이할 수 있다.

Pathcode #CHANYEOL. Arizona 17:12.

아리조나의 평원에서 잠들어있다 깨어난 찬열, 회중시계를 꺼내 시각을 보니 5시 7분이다. 길을 걷다 숲에 들어간 찬열이 하늘을 바라보면 별안간 비행기가 지나가는 듯한 소리 또는 강풍이 부는 소리가 들린다. 그리고는 자신의 몸에 흐르는 특별한 기운, 곧 그가 가진 '불'의 능력을 각성한 듯 찬열의 손에 불이 확 붙더니 숲이 활활 타기 시작한다. 찬열과 평행 세계에서 쌍을 이루던 초능력은 '비행'으로, 지나가는 비행기 소리가 이를 나타내는 것으로 보인다. 비행 능력을 지닌 크리스가 EXO를 떠났기에 그저 지나가 버리고 만 것일까? 그러나 이 소리가 비행기 소리가 아니라 바람 소리라는 이야기도 있다. 실제로 2013년에 애리조나주에서 큰 산불이 났고, 당시 번개로 인해 시작된 산불이 바람에 의해 크게 번져 소방관들의 인명 피해를 낸 참사가 되었다는 보도가 있었다. 이를 근거로, 첸의 번개에서부터 세훈의 바람으로, 이 바람이 찬열의 불로 연결된다는 설도 있다. 또한 애리조나에 있는 도시 '피닉스(phoenix)'는 불사조라는 뜻을 지녔고 찬열의 엠블럼이 바로 피닉스다. 불사조는 자신을 모두 불태워서 다시 태어난다. 찬열이 꺼내본 회중시계의 시각은 5시 7분을 나타내고, 찬열이 서 있는 성벽의 배경에 17이라는 숫자도 보인다. 이를 토대로 팬들은 다음 티저의 공개 시각이 1시 7분(독일 시각 5시 7분)이라는 것을 예측한다. SNS의 계정에는 "Vereisung"이라는 힌트가 뜬다. 독일어로 결빙을 뜻하는 말이다. 이제 다음 영상은 '결빙' 능력을 가진 시우민의 영상으로 독일 베를린을 배경으로 한다.

Pathcode #XIUMIN. Berlin 05:07.
새벽녘에 베를린의 아파트로 귀가한 시우민이 소파에 앉아 TV를 본다. 바닥에서 영화 〈인셉션〉에서 나온 것과 유사한 팽이가 돌아가고, 잠이 깬 시우민이 TV 화면을 보는데 혼선이 생긴 듯 어지러운 화면이 계속된다. 이때, TV 화면에 언뜻 "Edinburgh 15:25"라는 글자와 늑대의 형상이 희미하게 잠시 나타났다 사라진다. 어떤 신호를 알아챈 듯 컵을 내려놓고 뛰쳐나가는 시우민, 컵이 얼어붙으며 자신의 '결빙' 능력을 각성한 모습이다. 시우민은 영화 〈인셉션〉에서 '림보'에 빠진 것처럼, 꿈속 세계에 빠진 것인데 TV라는 매체를 통해 탈출하라는 신호를 감지하고 빠져나오는 듯하다.

Pathcode #SEHUN. Edinburgh 15:25.
세훈이 스마트폰의 지도로 장소를 확인하더니 어느 집으로 들어간다. 집 안에는 비행기 모빌이 보이고 장난감들을 공중에 띄워놓고 놀고 있는 두 어린 소년이 보인다. 곧 개기 일식이 일어나자, 역시 무언가 알아챈 듯 집 밖으로 뛰쳐나가는 세훈. 그가 가진 '바람'의 능력을 각성한 듯 화면에는 바람에 흩날리는 꽃씨가 보인다. 스코틀랜드의 에든버러는 바람이 많이 불어 바람의 도시라고도 불린다. 영상 속 집 안에서 놀고 있는 두 소년은 '비행'과 '염력'을 초능력 설정으로 가진 EXO를 떠난 전 멤버 크리스와 루한을 의미하고, 이들이 아이의 모습인 것은 미로 속에 갇혀 아직 각성하지 못했다는 것을 뜻한다고 팬들은 풀이한다. 이 둘은 방 안, 즉 미로에서 나오지 못해 낙오했고, 초능력을 사용하여 장난감을 뜨게 만들지만 어떻게 사용하는지 모르는 듯 제대로 다루지 못하고 쳐다보고만 있는 모습으로 보아 능력 또한 미숙한 상태로 보인다.

Pathcode #SUHO. Marseille 10:22.
수호는 잠에서 깨어 물을 찾아 이곳저곳을 헤매지만 찾지 못하고, 메마른 수영장 바닥에 체념한 듯 주저앉는다. 그 순간, 자신이 가진 물의 능력을 각성하는 수호. 물을 불러들이는 듯 수영장 안으로 큰 파도가 몰려온다. 마르세유는 프랑스 최대 항구 도시로 동경 5° 22에 위치한다. 수호의 생일은 5월 22일이고 항구 도시는 '물'을 연상시킨다.

Pathcode #CHEN. Almaty 20:01.
카자흐스탄의 도시 알마티. 어느 성당 같은 건물의 옥상으로 올라가는 첸, 종소리가 울리는 가운데 옥상에 놓인 벤치에서 표지에 'overdose'라고 적힌 책을 들어 읽는다. 이 책을 통해 무언가 알게 되는 첸. '중독'에 빠져 미로에 갇혀버린 자신의 모습을 자각한 것일까? 밝았던 하늘에 금환 일식이 일어나 어두워지고, 첸 또한 자신의 능력을 각성한 듯 하늘을 덮은 먹구름에서 번개가 내리친다. 띠- 하는 신호음도 들리는데 이것은 모스 부호로 추정되며, 팬들이 이를 해독했더니 'EXODUS'라는 설이 나왔다.

Pathcode #BAEKHYUN. Lyon 06:27
이상 현상을 먼저 감지한 듯 새떼들이 스산한 하늘을 급박하게 날아간다. 백현은 고풍스러운 골목길을 걷다가 음성메시지를 받고 갑작스레 쫓기듯 뛰기 시작한다. 가로등 불빛이 하나둘씩 꺼지더니 더 이상 피할 곳 없이 막다른 곳에 몰리자 도시의 모든 불빛이 꺼지는데, 이 순간 백현은 자신이 가진 '빛'의 능력을 각성한 듯 빛의 입자들을 모여들게 한다. 프랑스의 남부 도시 리옹은 빛 축제로 유명하다.

Pathcode #LAY. Yunnan 22:12.
윈난성. 자전거를 타고 어느 찻집에 들어간 레이. 그가 보던 스마트폰 화면에 혼선이 일어난 듯 이상 현상이 보이고, 그 역시 뭔가 생각난 듯 다급히 뛰쳐나간다. 레이가 지나간 길에 시들었던 꽃이 다시 피어나며 그가 각성한 치유 능력을 보여준다. 영상의 마지막은 흰 꽃이 화면을 가득 채우며 끝나는데, 흰 장미 또는 작약으로 보인다. 작약의 속명이 패오니아(Paeonia)로 그리스 신화에서 여러 신들이 서로 싸울 때 받은 상처를 작약을 써서 치료한 패온(Peon)의 이름에서 유래되었다고 한다. 중국의 윈난성은 약초로 유명하다. '치유'의 능력을 가진 레이에게 어울리는 곳이다.

Pathcode #D.O. Colorado 09:00.
마지막 10번째 영상으로, 감각적이고 몽환적인 이미지들이 빠르게 교차되며 무언가 관찰하는 모습의 디오를 주로 보여준다. 그리고 디오가 10개의 구슬을 내려놓는 모습으로 영상이 마무리된다. 디오는 유일하게 뛰쳐나가거나 도망가는 모습이 없다. 디오가 있는 공간은 이미 탈출한 필요가 없는 공간이기 때문이라는 설이 유력하다. 디오가 문에 달린 구멍으로 엿보는 모습이 보이는데, 이것은 다른 멤버들을 살펴보며 그들의 각성을 기다리고 있다는 것이다. 이미 각성한 존재이며 제일 먼저 미로를 빠져나와 다른 멤버들을 기다리는 것으로 보인다. 디오의 능력인 '대지의 힘'은 데뷔곡 〈MAMA〉의 뮤직비디오에서 보였던 파괴가 아니라, 멤버들을 모으고 지탱해주는 힘이라는 보호의 성격이 새로 적용된 듯하다. SNS의 힌트에는 "Beginning = End"라는 문구가 있었다. Pathcode의 시작을 열었던 카이가 탈출하라는 것을 알리며 멤버들의 각성을 이끌었고, 디오가 탈출한 멤버들을 한 곳으로 모으며 끝낸다는 것일까. 카이와 디오의 영상 공개 시각 또한 하루의 끝이자 시작인 24:00(서울 시각)로 같았다.

Pathcode 영상의 배경이 된 도시는 모두 UFO가 발견된 바 있다고 팬들은 제시했다. 그리고 이 도시들의 첫글자를 연결하면 'CALL ME BABY'가 된다. 이것은 〈EXODUS〉 앨범의 타이틀곡 제목이 된다.

Colorado

Arizona

London

Lyon

Marseille

Edinburgh

Barcelona

Almaty

Berlin

Yunnan

chapter

9

랜덤현상과
사건사고

지금의 음반시장은 '팬덤형' 아이돌이 장악했다고 해도 과언이 아닐 것이다. 음반이라는 것이 단순히 음악을 소비하는 행태가 아니라, 좋아하는 아이돌에 대한 '팬심'을 증명하고 충족시켜주는 하나의 아이템으로 소비되는 것이다. 게다가 음반뿐만 아니라 다양한 부가 물품들을 판매하고, 콘서트로 소득을 올리는 구조로 이 팬덤 시장은 확장성이 크다. 그것이 EXO가 노린 지점이고 큰 성공을 거두고 있다. 게다가 이 '팬덤'은 날개를 달고 전 세계로 확산 중이다.

슈퍼태권브이_백현

213

## 100만 장이라는 앨범 판매고

2013년 연말, EXO 정규 1집 〈XOXO(Kiss&Hug)〉가 100만 장이 넘는 음반 판매량을 돌파했다는 소식이 떠들썩하게 들려왔다. 언론은 "김건모 7집, god 4집 등이 발표된 2001년 이후 12년 만의 쾌거"라고 전했다. 그런데 잘 살펴보면, 이것은 단일 음반으로의 100만 장 돌파가 아니다. 6월에 발매된 정규 1집 〈XOXO〉의 수록곡에 후속 타이틀곡 〈으르렁〉 등 신곡 3곡만 더해서 8월에 '리패키지' 앨범을 발매했고 두 앨범의 판매량을 합산한 결과이다. **이 리패키지 방식은 논란이 많았지만, 달라진 음악 소비 구조에서 팬덤을 노리는 아이돌에게는 대세가 되었다.** 사실 완전체 EXO로 낸 정규 1집 〈XOXO〉의 경우에도 한국어 버전인 'Kiss 버전'과 중국어 버전인 'Hug 버전' 두 가지로 발매되었다. 언어가 다르고 앨범의 디자인과 앨범에 실린 멤버들의 사진도 조금씩 다르기에, EXO의 팬들은 두 가지 앨범을 다 소장하고 싶은 욕구에 두 가지 앨범을 모두 구매하게 된다. 다시 리패키지 앨범을 내면서도 똑같이 한국어와 중국어의 두 가지 버전으로 발매되고, 앨범의 디자인과 안에 담긴 사진도 달라진다. 팬들은 이 네 가지 음반을 모두 구매하는 경우가 많았다.

데뷔 미니앨범 〈MAMA〉의 경우에는 EXO-K와 EXO-M으로 활동을 나누어서 했기에, 음반도 그에 맞춰 EXO-K의 한국어 버전, EXO-M의 중국어 버전 두 가지로 나뉘어 발매되었다. 작곡가는 똑같지만 언어와 작사가가 다르고 부른 사람이 달라지는 것이다. 이때도 음반을 구매할 정도의 EXO 팬들은 EXO-K와 EXO-M의 두 가지 버전을 모두 구매하는 충성도를 보였다. 사실 이 중국어 버전도 중국에서 발매되는 것이 아닌 국내에서 발매되는 것이기에 국내 앨범에 속한다. 중국에서 발매되는 앨범은 따로 존재한다고 한다. 이렇게 앨범을 쪼개서 발매하는 방식으로 팬들은 중복 구매를 하게 되고 이것이 음반판매량으로 합산되어 높은 판매고를 올리게 되는 것이다. 유닛을 나눈 쌍둥이 그룹이라는 전략이 음반 판매고도 높여주었다. 2013년 정규 1집과 리패키지 앨범에 이어 그해 12월에 발매한 스페셜 앨범 〈12월의 기적〉에는 앨범 안에 멤버 한 명의 사진과 글이 담긴 스노우볼 형태의 아이템이 담겼다. 만약 12명 멤버의 스노우볼을 모두 가지려면, 최소한 12장의 앨범을 사야한다는 이야기다. 마치 어릴 적에 과자 안에 들어있는 딱지를 모으기 위해 과자를 샀던 것처럼, 스노우볼을 모으기 위해 앨범을 여러 장 구입하는 팬들도 상당했다.

2013년 음원시장에서의 최강자는 '아이유'였다. 아이유는 10월에 정규 3집 〈모던 타임즈〉음원을 일제히 공개하며 버스커버스커를 제치고 온라인 음원사이트 음원차트를 점령한다. '가온 차트' 주간 다운로드 순위 1위~11위를 모두 차지하는 등 한 주에만 아이유가 거둔 총 다운로드 건수는 290만 6,216건이었다. 그러나 아이유의 〈모던 타임즈〉앨범은 약 1만 장 정도의 판매에 그친 것으로 나타났다. EXO의 100만 장에 비하면 100분의 1 수준이다. 또한 2012년과 2013년 대중에게 가장 많이 사랑받았고 음악적으로도 인정받았던 버스커버스커의 앨범들도 10만 장 정도의 판매고를 올렸을 뿐이다.

어찌 됐든, 정규 1집 〈XOXO〉의 100만 장이라는 판매고는 의미가 크다. 이를 두고 한 명이 몇 장씩 중복으로 구매하는 방식이며 이를 과장하는 것은 SM의 주가 상승을 노린 언론플레이라며 폄하하는 사람들도 있지만, '100만 장'이라는 수치는 지금의 음악 시장 구조에서는 놀라운 수치임이 틀림없다. 바로 충성도 높은 EXO의 팬덤이 이뤄낸 성과라 아니할 수 없다. 곡을 '음반'에서 '음원' 단위로 쪼개어 팔게 되면서 음원의 가격은 하락했다. 이런 때 저렴한 음원이 아닌 음반을 사줄 수 있는 강력한 팬덤은 가수와 제작자에게 더없이 좋은 수익원이다. 음반이라는 것이 단순히 음악을 소비하는 행태가 아니라, 좋아하는 아이돌에 대한 '팬심'을 증명하고 충족시켜주는 하나의 아이템으로 소비되는 것이다. 게다가 음반뿐만 아니라 다양한 부가 물품들을 판매하고, 콘서트로 소득을 올리는 구조로 이 팬덤 시장은 확장성이 크다. 그것이 EXO가 노린 지점이고 큰 성공을 거두고 있다. 게다가 이 '팬덤'은 날개를 달고 전 세계로 확산 중이다.

## 〈으르렁〉으로 터지다

〈으르렁〉은 팬덤뿐만이 아닌 대중들에게 EXO를 알린 결정적 한 방이었다. 2013년 8월에 발표된 〈으르렁〉은 8월부터 9월에 걸쳐 SBS 〈인기가요〉, MBC 〈쇼 음악중심〉, M.net 〈엠카운트다운〉 등 방송사 가요 프로그램에서 3주 연속 1위를 기록한 것을 비롯해, 10개 이상의 트로피를 차지한다. 이러한 인기는 연말 시상식에서의 수상으로 이어진다. 〈멜론 뮤직 어워드〉에서 '올해의 노래상'을, 〈2013 엠넷 아시안 뮤직 어워드〉에서 '올해의 앨범상'을 수상한다. 그에 이어, 중국의 〈음악풍운방〉 신인성전에서는 '2013 최고 그룹상'을, 〈바이두 페이디엔 시상식〉에서 '2013 바이두 인기그룹상'을 수상하는 등 한국과 중국의 연말 시상식을 석권했다.

또한, 2013년의 한국대중음악을 결산하여 한국대중음악상 선정위원회가 주최하는 〈제11회 한국대중음악상〉의 '최우수 댄스 & 일렉트로닉 노래' 부문에서 EXO의 〈으르렁〉이 후보였던 지드래곤, f(x) 등을 제치며 수상한다. 〈으르렁〉은 '올해의 노래' 부문에도 후보로 이름을 올렸다. 그러나 이 부문은 조용필의 〈Bounce〉

가 차지한다. 〈한국대중음악상〉은 한국의 그래미 어워드를 표방하며 음악성을 기준으로 후보를 선정하고 시상을 하기 때문에 아이돌이 받는 경우는 많지 않다. 수상작은 대중적으로도 히트하고, 평론가들에게 호평을 받았던 노래들이 주를 이룬다. 때문에 〈으르렁〉은 대중성과 더불어 평단의 호의적 평가도 끌어낸 것이다. 미국의 음악 전문지 빌보드도 K-pop 칼럼코너에 발표한 '20 Best K-Pop Songs of 2013' 중 1위에 EXO의 〈으르렁〉을 선정했다. 이렇게 쏟아지는 찬사와 수상은 EXO가 데뷔한 지 2년 가까운 시점에서 이뤄낸 것이라 더 뜻 깊다. 그동안은 극성팬을 거느린 SM의 아이돌이란 이미지에 갇혀 있었다면 비로소 대중적 흥행 성공과 음악적 평가를 함께 얻는 순간이었다.

〈으르렁〉을 들어보면 '나 으르렁 으르렁 대~'하는 부분이 귀에 꽂히며 몸을 들썩거리게 하는 흥을 유발한다. 단순한 힙합 비트, 듣기 편한 랩, 반복적인 후렴구의 훅(hook) 있는 멜로디 등의 요소가 자연스럽게 연결되어 곡 전체가 말끔하다. Urban/R&B 사운드를 기반으로 여러 요소가 유려하게 어우러진 구성이 익숙하고 쉽게 다가온다. 이전의 〈MAMA〉나 〈늑대와 미녀〉에서 선보였던 음악 색깔과는 사뭇 결이 다르다. 이전의 곡들이 일렉트로닉 사운드에 락, 메탈, 랩 등의 강한 요소들로 전환 포인트가 뚜렷한 드라마틱한 구성의 SMP였다면, 〈으르렁〉에서는 SMP를 탈피한 셈이다. 가사는 사랑하는 여자를 다른 남자에게 빼앗기지 않으려는 남자의 마음을 으르렁 댄다는 표현으로 풀어냈다. 〈늑대와 미녀〉의 연장선상으로 여자에게 마음을 뺏긴 늑대소년의 심정을 이야기하는 듯하다. 작사도 외부의 작사가이고 작곡도 SM 소속의 유영진이나 켄지가 아닌 외부 작곡가이다. 결과적으로 SMP를 버린 것이 대중성과 함께 평단의 호평을 끌어낸 것이다. 이전까지 10대 팬덤의 지지가 컸다면, 이 곡으로 20~30대까지 팬층을 확산시키며 다양한 연령대에 EXO를 알렸다. 미국에서 활동하고 있는 '줌바스 뮤직 그룹'의 신혁 대표가 메인 프로듀서를 하고, 다수의 작곡가가 팀으로 작업한 결과물이다. 신혁은 빌보드 싱글 차트 16위에 올랐던 저스틴 비버의 〈One Less Lonely Girl〉의 작곡가이기도 하며 그가 이끄는 이 작곡가 그룹은 샤이니의 〈Dream Girl〉과 f(x)의 〈Pretty Girl〉도 작곡했다. 앞서 밝혔듯이 SM은 전 세계 작곡가들과 네트워크를 갖고 작곡가를 위한 라이팅 캠프를 열어 뮤지션들의 공동 작업을 유도한다. 〈으르렁〉 또한 이렇게 SM이 구축한 외부와의 협업 시스템으로 탄생한 것이었다.

〈으르렁〉의 뮤직비디오는 원 테이크 촬영 기법으로 안무와 12명의 멤버들의 퍼포먼스에 집중해 그들의 재능을 더욱 빛나게 했다. 두 그룹이 배틀을 하듯 꾸며진 뮤직비디오에는 각 멤버들이 발산하는 끼와 에너지가 넘친다. 자신감 있게 음악과 퍼포먼스에만 집중함으로써 음악과 춤, 멤버들의 매력을 단순하지만 확실하게 어필한 것이다. 안무는 〈으르렁〉이라는 곡을 한층 더 끌어올렸다고 본다. 어렵지 않으면서도, 동작 하나하나가 감각적이어서 자칫 단조로울 수 있는 곡을 보완한다. 이 안무 또한 앞서 언급한 바대로 저스틴 팀버레이크, 자넷 잭슨의 안무를 담당한 세계적인 안무가 닉 베스의 작품으로, SM의 퍼포먼스 디렉터 황상훈, 심재원이 EXO 멤버들에 맞게 마지막 완성도를 높였다. 쿨해 보이는 간지를 내뿜으면서도 적당히 가벼운 동작들은 끼 부리며 남성성을 어필하는 소년들을 제대로 보여준다. 이는 곧 10대뿐만 아니라 20대 여성들에게도 먹혔고, 남자들이 봐도 멋있고 따라하고 싶은 안무였다. 여기에 교복 콘셉트의 패션 스타일도 멤버들의 매력을 높이는 데 한몫했고, 오히려 같은 교복이지만 저마다 다른 디테일의 차이로 멤버 하나하나를 구분하게 만들었다. 〈으르렁〉은 SM의 노하우 아래 이러한 여러 요소들이 절묘하게 조합된 곡으로, EXO를 2013년의 가장 빛나는 스타로 부각시켰다.

## 사생팬인가 사생범인가?

2013년 12월, JTBC 〈썰전-독한 혀들의 전쟁〉의 '예능심판자' 편에서는 "조공부터 사생까지 대한민국 팬이 사는 법"이라는 주제로 이야기를 나누었다. **슈퍼주니어 멤버인 김희철은 숨어있던 팬들이 나와서 사진을 찍을까봐 소변을 밖에서 절대 못 눈다며, 일상생활에서의 어려움을 토로했다.** 이에 한 패널이 "EXO 멤버들은 화장실 가기도 힘들어 교대로 보초를 선다더라. 화장실에 출입하는 팬들이 많아 멤버들이 서로 지켜줘야 한다더라."는 이야기를 한다.

2014년 2월, SBS 〈궁금한 이야기 Y〉에서 일명 '김여신 사건'을 다루며 EXO의 사생팬에 대한 이야기가 일부 언급되었다. 김여신 사건은 자칭 김여신이라는 안티팬이 EXO에게 염산을 섞은 음료로 테러를 할 것이라고 예고해 팬들을 경악게 한 사건이다. 김여신은 자신의 블로그를 통해 과거 B.A.P의 힘찬에게 설사약을 탄 커피를 준 적이 있고 동방신기 유노윤호에게 본드를 넣은 음료수를 건넨 적이 있다고 밝혔으며, 7년 전 사생팬이 대절한 택시의 곡예운전으로 인해 부모님이 사망해 아이돌을 증오하게 되었다고 밝혔다. 그러나 이후 〈궁금한 이야기 Y〉의 제작진이 추적한 결과, 이러한 원한은 지어낸 것이고 과거에 자신이 했다고 주장한 테러의 실제 용의자와도 달랐으며 직접 밝힌 자신의 신상도 사실과 달랐다. 김여신의 정체는 중학생으로 드러났다. 방송이 확정되자, 김여신은 안티팬 활동을 하다가 호기심에 저지른 일이라며 다시는 이런 짓을 하지 않겠다고 블로그에 사과문을 올린다. 이 사건은 중학생이 장난삼아 벌인 끔찍한 협박으로 일단락났지만, 그만큼 EXO가 사생팬들의 표적이 되어 있다는 것을 보여준다.

사생팬. 스타의 사생활을 쫓는 극성팬을 일컫는 이름으로, 아이돌의 인기에 대해 이야기할 때 항상 빠지지 않는 어두운 그림자다. 사생활의 '사생'과 '팬'이 결합한 단어이지만 일각에서는 사생팬의 사생은 死生이 아니냐며 비아냥거리기도 한다. 사생팬이라는 단어가 본격적으로 사용되기 시작한 것은 2000년대 들어서이다. 그 이전에도 연예인의 방송활동 등 공식적인 스케줄과 개인적인 사적 스케줄을 모두 따라다니는 악성 팬이 없었던 것은 아니다. 그러나 '아이돌'과 '팬덤'이라는 존재에 대한 뚜렷한 개념과 양상이 아직 정착되지 않았던 시절이라, 기획사의 묵인과 가십지들의 수요 등으로 그다지 문제가 되지 않았다. 더불어 '팬이라면 그럴 수도 있지'라는 식의 인식이 많았다. 하지만 2000년대 들어 인터넷을 기반으로 한 팬 커뮤니티가 활발해지고 팬덤 문화의 중심지가 오프라인이 아닌 온라인으로 넘어가기 시작하면서, 오프라인에서 그들을 밀착 관찰하지 않으면 얻을 수 없는 정보를 위해 매달리는, 그 이전보다 더 심하고 과격해진 사생팬들이 등장하기 시작했다. 특히 인터넷과 스마트폰이 활발해진 요즘에는 단순히 숙소와 그들의 사적 스케줄을 따라다니는 사생뿐만 아니라, 그들의 개인정보를 캐내어 어떤 사이트에 가입해서 어떤 활동을 했는지 휴대폰으로 누구와 어떤 연락을 하고 개인 메신저에 올린 사진은 무엇인지 등을 알아내는 소위 '안방사생'도 생겨났다.

인기가 급부상한 아이돌로 엄청난 팬덤을 자랑하는 EXO는 사생팬들의 악명도 높다. 취재진만 입장할 수 있는 기자회견장에 사생팬이 취재진을 사칭해 침입하는 것은 기본이며, 화장실까지 따라가거나 해외 스케줄 때 같은 비행기에 탑승해 멤버들의 사진을 찍는 일도 비일비재하다. 한 온라인 사이트에서는 EXO와 걸그룹 에이핑크의 멤버로 추측되는 이들이 게임을 하는 내용의 음성 녹음 파일이 유포되어 논란이 일기도 했다. 유포자는 음성 파일과 더불어 EXO 리더 수호와의 문자 내용까지 공개해 논란을 빚었다. 1여 년 만의 컴백 직전에는 정규 1집 앨범의 모든 곡이 유출되어 몸살을 앓기도 했으며, EXO 멤버 백현의 경우에는 친형의 결혼식에 멤버들과 함께 축가를 부르기 위해 참석했다가 사생들로 인해 결혼식이 엉망이 되었다는 사실이 인터넷에 공개되기도 했다. 루한의 사생은 그가 머무는 호텔방에 몰래카메라를 설치한 뒤 메이크업 받는 장면을 웨이보에 올려 비난을 받기도 했으며, 타오 역시 호텔방까지 들어온 사생팬이 음성을 녹음해가는 상황을 겪었다. 두 사람은 자신의 SNS에 "한밤중에 계속 우리에게 전화하는 거 정말로 못 참겠다.", "제발 그만 쫓아다닐 수 없습니까? 너무 당당한 거 아닌가 요?"라고 노골적으로 분노를 표현하기도 했다.

사생팬이 '사생질'을 하는 이유에 대해서는 언론에서 여러 번 다룬 바 있다. 일부 팬의 경우, 많은 정보를 가지고 있는 것이 곧 '팬심'으로 증명되곤 하는 팬덤에서 다른 팬들보다 아이돌에 대해 더 많은 정보를 쥐고 있다는 것을 과시하기 위한 욕구에서 사생질을 한다. 즉, 자신이 가진 특별한 정보를 다른 팬들에게 자랑하고 싶은 영웅심리에서 비롯된 행위라는 것이다. 또 사생질을 함으로써 얻는 것이 긍정적이건 부정적이건 간에 내가 좋아하는 스타로부터 '특별 취급을 받는다'는 데에서 오는 쾌감 때문인 경우도 많다. 우리나라에서는 개인의 사생활에 관심을 갖는 것이 종종 '친밀감의 표현'으로 받아들여지곤 하는 문화가 존재하는데, 이것도 한몫한다. 특히 연예인의 경우 공인 운운하며 사생활에 대한 보호를 받기 힘든 환경에 노출되기 쉬운데, 이것이 더욱 피해를 키운다. 그러나 정작 공인이라 칭할만한 공적인 일을 수행하는 정치인이나 공무원을 놔두고, 대중에게 엔터테인먼트를 제공하는 연예인을 공인이라 칭하는 것이 맞는 것일지는 잘 생각해봐야 할 문제다.

소속사의 미온적인 대처 역시 사생을 확실하게 근절하지 못하는 이유 중 하나이다. 아무 때나 마구잡이로 몰려드는 사생이나 '대포'(고화질 렌즈로 사진을 찍는 팬)들 때문에 연예인이 다치기도 하고 팬덤이 분열되기도 하지만, 이 또한 인기의 바로미터라는 인식 때문에 어찌하지 못한다. 이들에게 엄격한 잣대를 들이대 일부 팬을 퇴출할 경우 팬덤이 함께 몰락할 수 있다는 우려도 있다. 실제로 한 보이그룹의 경우, 아이돌의 사진을 찍어 인터넷에 공개하거나 포토북 등의 굿즈(goods)를 만들어 판매하는 대포들을 초상권 침해를 이유로 엄격하게 금지했다가 팬덤이 거의 죽어버리는 결과를 낳기도 했다. 한 대형 소속사 관계자는 사생팬을 구분하기도 어려운 데다 팬들에게 법적 대응을 할 경우 이미지 타격을 받고 언론의 반감을 살 수 있다며, 연예인들이 악플러를 끝까지 고소하지 않고 선처하는 이유도 마찬가지라고 고충을 토로한다.

〈썰전〉에 출연한 슈퍼주니어 멤버 김희철은 "사적인 공간에 들이닥치면 사생팬으로 간주한다. 메이크업하지 않아도 되는 곳에 팬이 나타나는 것은 정말 싫다"며 "사생에 팬이라는 단어를 붙이면 안 된다"고 강력하게 주장했다. EXO 멤버 디오도 "개인적으로는 사생이 너무 많으니 피해의식까지 생겼다. 일반 팬들을 볼 때도 감정이 바뀔 정도로 심각하다. 성격까지 변했다. 원래 낯가리고 경계하는 편이긴 했지만 사생 때문에 더해졌다"라고 말했다. 다행스럽게도 최근 들어서는 많은 연예인들이 사생에 대해 신고를 한다거나, 방송에서 그들의 만행을 공개하며 '이런 것은 싫다'고 이야기하는 등 단호한 대처를 보여주고 있다. EXO도 사생에게 걸려온 전화를 팬들에게 보여주며 "이 번호가 사생의 번호다"라고 공개를 한다거나 자신의 SNS에 사생을 비난하는 글을 올리기도 했다. 특히 사생이 공개한 아이돌의 사생활을 암묵적으로 공유하며 쉬쉬하곤 했던 팬들 역시 사생들에 대해 '그들은 팬이 아니다', '사생은 사생범私生犯이다'라며 그들을 배척하는 태도를 보이고 있다. EXO는 한 매체와의 인터뷰에서 "사생이 심각하다. 저희한테 영향을 미치는 것보다 이웃들이나 관계없는 분들에게 피해가 가는 게 화가 난다. 또 EXO가 사생으로 유명하니까 안 그런 팬들까지 사생으로 비치는 게 속상하다"고 털어놓으며, "공연이나 무대 등 공식적인 자리에서만 저희에게 환호해 주시길 바란다. 물론 열광적으로 응원해 주는 건 감사한데 우리도 사생활이 있다. 저희를 사랑하신다면 사생은 자제해 주길 바란다"고 호소하기도 했다.

아이돌은 팬들의 사랑과 관심을 먹고 사는 존재이다. 멀리서 보면, 아이돌과 팬의 관계가 만들어진 이미지를 생산하고 이를 소비하는 관계에 불과하다고 말할 수도 있겠지만, 그 사이에는 분명 사랑과 애정이 존재한다. 팬들은 아이돌의 이미지를 기꺼이 구매하며 그들을 사랑하고, 아이돌 역시 '팬 여러분을 사랑한다'고 말하며 그들의 애정을 받는다. 그것을 잘 가꾸면 정서적인 풍요를 주며 생활을 활력 있게 하고, 어떤 이에게는 살아갈 힘을 줄 수도 있다. 그러나 일부 사생들 때문에 선량한 팬들까지 정도를 모르는 사람들, 철없는 사람이라는 오해를 받기도 한다. 누군가를 좋아한다는 것은 부끄러운 일이 아니다. 그러나 사생은 팬이 아니다. 스토커다.

## 특급 생일 축하

요즘 수도권의 지하철역을 돌아다니거나 버스 정류장에서 버스를 기다리다 보면 역사 한 면이나 버스 한 쪽을 채운 거대한 크기의 아이돌 스타 생일 축하 광고를 볼 수 있다. 인기 절정에 오른 EXO의 광고 역시 자주 발견된다. **12명이나 되는 멤버들 하나하나가 생일을 맞을 때마다 여러 팬클럽들이 힘을 모아 생일을 전후한 한 달가량 대형 광고를 게재하는 것이다.** 그것도 한두 군데가 아니라 지하철 노선을 따라 여러 군데에 분포되어 있다. 팬클럽도 한둘이 아니고 한국뿐만 아니라 중국의 팬클럽 등도 협력한다. EXO의 멤버 시우민의 경우, 생일 축하 광고가 부착된 위치와 기간 등을 한눈에 볼 수 있게 정리한 지도가 인터넷에 퍼지며 놀라움을 주었고, 지하철뿐만 아니라 강남과 명동에 전광판 광고까지 내걸렸다.

팬들이 연예인에게 개인적으로 선물하는 것은 물론이고, 팬들끼리 돈을 모아 연예인이 좋아할 만한 물건들을 조공의 형식으로 바치는 것은 이미 오래된 이야기이다. 팬들 사이에서 이 '조공'이란 용어는 이미 정착되어 있고 또 그렇게 부르는 것을 기꺼이 즐긴다. 비싼 가격을 자랑하는 연예인 조공 도시락도 유명하다. 인터넷에 이를 검색하면 고급 맞춤 수제 도시락 전문 업체를 쉽게 찾을 수 있다. EXO는 중국팬들의 조공 또한 어마어마한 것으로 유명하다. 생일을 맞은 EXO 멤버에게 쏟아지는 이러한 조공, 선물 공세는 일일이 열거하기도 어려울 정도다. 카이의 팬들은 카이가 팬이라고 밝힌 스페인의 축구선수 페르난도 토레스에게 편지를 보내 사인볼을 받아 선물하기도 했고, 디오의 팬들은 고가의 스타일러(의류를 관리해주는 가전제품)에 300만 원이 넘는 안마의자를 선물하기도 했다. 그 외에도 많은 고가의 명품 선물들이 매년 그들의 생일마다 쏟아진다. 레이의 경우에는 EXO-M이 출연 예정인 중국의 한 공연장 주변에 생일 축하 메시지가 담긴 대형 애드벌룬 수십 개와 노란 깃발 수십 개, 현수막은 물론 그의 사진이 붙은 전광판 트럭 사진 등이 인터넷에 공개되면서 '과연 대륙 스케일은 다르다'며 놀라움을 자아내기도 했다.

최근 아이돌 생일 선물의 유행 아이템 중 하나는 별 선물이다. 카이와 찬열, 디오, 시우민 등 EXO의 멤버들 역시 팬들로부터 자신들의 이름으로 된 별을 선물 받기도 했고, EXO의 데뷔 1주년 기념으로 EXO planet이라는 이름의 별 또한 선물 받았다. EXO 멤버가 하늘을 보면, 정말로 자신의 이름 그리고 EXO라는 그룹의 이름으로 된 별이 떠 있는 것이다. 또한 눈길을 끄는 것은 숲 선물이다. 2014년 5월, 나무를 심는 사회적 기업 트리플래닛과 EXO의 멤버 백현의 생일을 축하하기 위해 모인 12개 백현 팬클럽 운영진들의 합작으로 강남구 늘벗 근린공원에 백현숲이 만들어졌다. 이 백현숲은 EXO의 팬뿐만 아니라 지역 주민들까지도 이용할 수 있는 도심 속 휴식 공간으로 이용된다고 한다. 팬들은 모두가 좋아할 수 있는 숲을 만들어 뿌듯하다는 소감을 밝혔다. EXO의 멤버 디오의 이름으로 된 디오숲도 여의도 윤중로에 위치해 있다. 도심 속 공원에 조성된 작은 숲이지만, 팬들이 모금하여 만든 숲은 팬들과 스타 모두에게 좋은 추억을 주면서도 사회에 기여하는 뜻깊은 일이다.

이렇게 요즘 팬들이 스타의 생일을 축하하는 방식은 독특하고 다양하다. 신문에 전면광고를 게재하는 것은 물론이고, 버스나 지하철, 전광판 광고에, 하늘에 떠 있는 별 선물에, 공원까지 만든다. 고가의 선물로 이루어진 조공 문화가 비판을 받기도 하는 한편, 스타의 이름으로 기부나 사회사업을 하는 것으로 방향을 돌린 팬덤 문화도 눈에 띈다. 멤버의 생일을 맞아 아프리카, 필리핀 등 어려운 환경에 처한 이웃들에게 멤버의 이름으로 거액을 기부하기도 하고, 금전적 기부에서 그치는 것이 아니라 '신생아 살리기 모자 뜨기 캠페인', '사막화 방지 식수사업 운동 기부', '결식아동 돕기 팔찌 구매 후원' 등 다양한 방식의 봉사활동을 하기도 한다.

2014년 8월에는 SM 엔터테인먼트에서 EXO의 공식 글로벌 팬클럽 '엑소엘

(EXO-L)'을 출범시켰다. 'EXO-L'은 'EXO-LOVE'의 줄임말이며, L은 알파벳 순서에서 K와 M 사이에 위치해 'EXO-K'와 'EXO-M'을 연결시켜 하나가 되게 하는 의미도 있다고 한다. 그러나 이전까지 개별 팬클럽에서 열심히 활동해왔던 팬들은 자신들의 자부심과 개성이 떨어질까봐 허탈해하기도 했다.

## 팬클럽, EXO의 이름으로 기부에 앞장서다

아이돌, 그리고 팬. 일반인들이 이런 단어를 접할 때 먼저 떠올리는 것은 민폐만 끼치는 개념 없는 극성팬의 이미지이기 쉽다. 그동안 시사 르포 프로그램 등에서 아이돌 팬덤을 사생팬 문제나 청소년 탈선 문제와 연관해서 선정적으로 다루었던 모습들 때문인데, 어른들의 시각에서 이런 모습을 걱정스럽게 바라보는 것도 사실이다. 일부 팬들의 철없고 몰지각한 행동들이 있을 수 있지만, 이것을 전체로 확대하여 '아이돌이 10대 청소년을 탈선하게 한다'는 식으로 색안경을 끼고 보는 것은 아주 위험한 사고이다. 이것은 청소년 문제의 원인을 제대로 판단하지 않고 그것을 단순히 그들이 자주 접하는 아이돌이나 게임과 만화 등에 화살을 돌리는 기성세대의 안일한 태도다. 이런 단순한 접근법으로 뭉뚱그려 판단한 아이돌에 대한 부정적인 인식은 경계해야 한다. **최근 들어 아이돌들도 성숙한 발언과 개념 있는 퍼포먼스 등으로 그러한 잘못된 인식을 고치려고 노력하고 있다.** 팬들 또한 밤늦은 시간까지 숙소 앞을 배회하며 "우리 오빠 한 번 더 보겠다"고 민폐를 끼치는 수준에서 그치는 것이 아니라, 자신이 좋아하는 스타의 이름으로 세상의 소외된 곳을 바라보는 데 앞장서고 있다.

그러한 활동은 봉사와 기부에서 가장 두드러지게 보인다. 사회에 좋은 일도 하면서 내가 좋아하는 아이돌의 이미지도 높이는 일석이조의 효과를 내는 것이다. EXO 팬들 역시 이러한 활동에 동참하고 있는데, 특히나 EXO의 경우에는 멤버들의 초능력 콘셉트와 관련 있는 기부를 해 팬들 및 네티즌으로부터 재미있고 참신하다는 반응을 이끌어냈다. 물을 다루는 초능력 설정을 가진 수호의 경우에는 생일을 기념해 방글라데시에 우물을 기부하기도 했고, 서울의 한 장애인복지관의 수중재활센터에 기부하여 장애인 및 노약자를 위한 수중재활 치료기구를 구입하는 데 도움을 주었다. 번개를 다루는 초능력 설정의 첸의 경우엔 낙뢰와 관련된 기부단체 중 하나인 재난재해 법정 구호기관 '희망브리지'에 기부를, 빙결 초능력 설정의 시우민의 경우엔 폭설 피해 이웃을 위해 금전 기부를 하기도 했다. 바람의 능력을 상징하는 세훈의 생일에는 한 장애인복지관에 기부금과 함께 선풍기를 기부했다고 한다. 아예 이런 식으로 초능력 콘셉트에 맞추어 멤버의 생일마다 기부를 하는 팬클럽도 존재할 정도이다. EXO를 올바르게 사랑하는 20대 모임인 '올벗 : 구르믈 버서난 달처럼'은 "그룹 EXO는 EXO planet에서 온 12명의 외계인이라는 설정으로 각각 12개의 초능력 콘셉트를 갖고 있는데, 우리는 각 멤버의 생일마다 해당 멤버의 초능력에 어울리는 곳에 기부를 하고 있다"며 매년 멤버들의 생일마다 그들의 초능력과 관련된 곳에 기부를 해 눈길을 끈다.

나무를 심는 사회적 기업 트리플래닛의 대표는 "국내의 팬덤 문화는 일반 모금자 주도로 변화해가는 기부 트렌드를 선도하고 있다"며 "스타를 사랑하는 열정과 환경 문제를 해결하고자 하는 마음이 더해져, 강력하면서도 아름다운 변화의 바람을 일으키고 있다"라고 말했다. 이렇게 팬들이 스타에게 전달하는 선물을 사회 참여로 전환시킨 성공적인 사례들은 계속 늘어날 전망이고, 이런 사례들은 우리나라의 팬클럽 문화가 한층 성숙한 단계에 접어들었음을 보여준다. 그동안 스타들의 기부 활동은 여러 매체를 통해 많이 소개됐는데, 팬들의 기부 및 봉사 활동도 그에 못지않게 이루어지고 있다는 사실이 더욱 많이 소개되고 확산되길 바란다.

235

chapter 10

# Epilogue

로보트태권브이_시우민

## 진화는 계속된다

2014년, EXO는 데뷔 2년 만에 처음으로 단독 콘서트 〈EXO 프롬 EXO PLANET-더 로스트 플래닛(EXO FROM. EXO PLANET #1 - THE LOST PLANET)〉을 개최했다. 5월 24일과 25일 서울에서 치러진 공연을 시작으로 아시아 주요 도시에서 투어 형식으로 콘서트를 진행하는데, 2만 장에 이르는 서울 공연의 티켓은 예매 시작 후 불과 1.47초 만에 매진되는 기록을 세웠다. 2015년 3월에도 두 번째 단독 콘서트 〈엑소 플래닛 #2 - 더 엑솔루션(EXO PLANET #2 - The EXO'luXion)〉을 개최하며 여전히 바쁜 활동을 이어가고 있고, 그들이 가는 곳엔 언제나 구름떼 같은 팬들이 따라다닌다. 데뷔 3년이 넘어가자 EXO 멤버들의 개인 활동도 두드러진다. 수호와 백현은 음악방송 〈SBS 인기가요〉의 MC로, 찬열은 SBS의 예능 프로그램 〈정글의 법칙〉, 〈룸메이트 시즌1〉에 출연했다. 백현은 뮤지컬 〈SINGN'IN THE RAIN〉에 출연했으며, 디오는 연기자 활동을 시작하여 SBS 드라마 〈괜찮아 사랑이야〉에 이어, 영화 〈카트〉에도 출연했다. .

EXO의 두 번째 미니 앨범 〈중독〉의 쇼케이스가 있었던 2014년 4월 15일의 다음 날인 4월 16일에는 세월호 침몰이라는 대형 참사가 일어났다. 이에 EXO는 당초 예정된 음반, 음원 발매와 국내 컴백 일정을 잠정 연기하여 애도에 동참하고 5월이 되어서야 일정을 재개했다. 전국민적인 추모 분위기 속에서 가요나 연예계 또한 전반적으로 침체된 분위기가 한동안 계속되었다. 이런 상황에서 EXO-K의 국내 활동은 조금 위축된 면이 있지만, EXO-M의 중국 활동은 큰 영향 없이 이어졌다. 그룹의 분리와 해외에 눈을 돌린 활동 방향은, 가수의 입장에서 보면 국내적인 대형 사고나 시국 여파에도 영향을 덜 받을 수 있는 방법이 된 것이다. EXO의 내부에서도 안 좋은 일이 있었다. 첫 콘서트를 코앞에 두고 강도 높은 연습과 각종 활동으로 바쁜 나날을 보내던 중, 크리스의 이탈과 소송 사건이 터진 것이다. 그러나 크리스를 제외한 11명의 멤버들은 흐트러짐 없이 아시아 전역에 걸친 콘서트 투어를 치러내며 결속력을 보여주었다. 이후 멤버들의 개인 활동이 두드러질 무렵, 루한이 소송을 제기하며 크리스와 닮은 탈퇴 수순을 밟았다. 중국인 멤버의 잇따른 이탈은 중국 시장 진출에 따른 문제점을 드러낸 것이다. 다만 데뷔 당시 제시했던 6명씩 짝이 지어진 평행세계의 판타지 세계관에 구멍이 생겨서 아쉬웠다. 그럼에도 EXO의 정규 2집 〈EXODUS〉의 컴백 프로모션인 'Pathcode' 영상을 통해서 초능력 판타지 세계관을 10명으로 재정립한다. 그런데 이 컴백 활동 시작 무렵 또 다른 중국인 멤버 타오까지 이탈하는 사건이 생겨 9명이 된 것은 정말이지 아쉽다. EXO에게 따라붙는 사생팬들의 도를 넘는 행각도 여전하다. 이에 EXO 멤버들은 SNS를 통해 사생팬들에게 경고하는 등 단호하게 대처하는 모습이다.

EXO의 인기는 그냥 생긴 것이 아니다. SM이라는 기획사의 치밀하고 탄탄한 시스템과 흐름을 선도하는 기획력이 집중된 결정체였다. 막연히 견고한 시스템으로만 바라봤던 SM에 대한 생각도 조금은 바뀌었다. 시스템에 가려 사람은 잘 안 보였었는데, 다른 무엇보다 사람에 대한 투자를 아끼지 않는 조직이라는 사실을 발견하게 된 것이다. 그리고 그 대상이 사람이기에 수많은 시행착오와 실패가 있더라도 믿고 지켜보는 뚝심이 있었다. 데뷔 시절 EXO-K의 부진에도 굴하지 않고, 1년 가까이 되는 공백기 이후 컴백해 〈으르렁〉이라는 히트작을 터뜨린 것만 봐도 알 수 있다. 또한 업계를 선도하는 기획력은 EXO라는 그룹 자체로 여실히 증명되었다. 살펴보면 볼수록 SM의 기획력은 인정할 수밖에 없다. 그리고 앞서 말했듯 그 밑바탕에 가장 중요한 것은 사람이다. 팬들의 마음을 홀릴 수밖에 없는 탄탄한 실력, 멋진 비주얼, 잘 짜인 퍼포먼스, 무대의 완성도… 어느 하나 빠지는 것이 없다. 게다가 멤버 하나하나가 가진 실력, 매력, 개성과 더불어 팀과의 조화, 멤버들 서로가 보여주는 우애를 응원하게 된다. 아무 생각 없던 필자도 책을 위해 그들의 무대와 인터뷰, 방송 등을 찾아보다 보니 어느새 그들에게 마음을 열게 되었고 애정과 교감을 느끼게 되었다. 나이는 들었지만 '여기 EXO 빠순이 하나 추가요~'라고 외치고 싶다.

어쨌든, EXO를 응원하는 마음으로 그들의 행보를 계속 지켜보려 한다. 아이돌 그룹의 수명이 약 7년 정도라고 보면, EXO 또한 그룹 활동의 중반을 지나고 있다. 향후 후반기의 활동은 큰 문제 없이 이어지길 기대한다. SM에서도 멤버들 심신의 건강 문제나 멤버 간 화합과 회사와의 신뢰 관계 유지에 힘을 쏟고, 멤버 개인의 의견 존중과 충분한 휴식, 합리적인 수익 배분 등을 신경 써야 할 것이다. 그리고 성숙한 팬 문화와 사생활을 존중하는 문화가 좀 더 정착되길 바라며, 팬들에 대해서도 응원하는 마음이다. 필자 또한 10대 시절 스타에 열광했던 경험이 있는 사람으로, 그러한 감정이 얼마나 소중한지 잘 안다. 그 풍부한 감성과 생각을 키워갈 무궁무진한 세계 또한 응원할 것이다.

## 참고문헌

### '소년천지' 데뷔설?

조선경제 [위클리비즈] 이수만 SM엔터테인먼트 회장 인터뷰(2011.10.15)
http://biz.chosun.com/site/data/html_dir/2011/10/14/2011101401275.html

### 전무후무했던 100일 간의 프로모션

경인일보 "SM 신인 그룹 예고 팀명 'EXO-K'와 'EXO-M' 첫 번째 멤버 'KAI' 공개"(2011.12.23)
http://www.kyeongin.com/news/articleView.html?idxno=624526
오마이스타 "EXO-K, EXO-M, 100일 뜸들인 쇼케이스 가봤더니"(2012.03.31)
http://star.ohmynews.com/NWS_Web/OhmyStar/at_pg.aspx?CNTN_CD=A0001715697

### EXO planet에서 온 초능력자들

텐아시아 "EXO-k ǀ My name is 수호, 디오"(2012.05.01)
http://tenasia.hankyung.com/archives/14266
텐아시아 "EXO-K ǀ My name is 찬열, 백현"(2012.05.01)
http://tenasia.hankyung.com/archives/14269
텐아시아 "EXO-K ǀ My name is 카이, 세훈"(2012.05.01)
http://tenasia.hankyung.com/archives/14268
ize 매거진 [spotlight] EXO ǀ 루한, 세훈' s story (2013.09.23)
http://www.ize.co.kr/articleView.html?no=2013091211527270045
ize 매거진 [spotlight] EXO ǀ 시우민, 타오' s story (2013.09.23)

http://www.ize.co.kr/articleView.html?no=2013091211557211005
하이컷 매거진 VOL.73 : EXO-K 첫번째 히스토리 (2012.03.15)
네이버 [스타캐스트] 대세의 중심 'EXO 탐구생활' 1편, 2편 (2013.08.15)
http://news.naver.com/main/read.nhn?mode=LSD&mid=sec&sid1=106&oid=420&a
id=0000000450
http://news.naver.com/main/read.nhn?mode=LSD&mid=sec&sid1=106&oid=420&a
id=0000000452
한국아이닷컴 "EXO 카이, "'호두까기 인형' 본 뒤 발레리노 꿈 꿔..춤은 내 삶""(2014.05.27)
http://m.hankooki.com/m_dh_view.php?m=&WM=dh&WEB_GSNO=5305918
티브이데일리 "EXO 세훈 ""초등학교 때 떡볶이 먹던 중 SM 캐스팅" 비화 공개""(2013.08.20)
http://tvdaily.asiae.co.kr/read.php3?aid=1376980555558783010

## SM의 연습생 시스템

해럴드경제 "SM, 매년 30만명 오디션·스타육성에만 50억 투자"(2012 07.06)
http://biz.heraldcorp.com/view.php?ud=20120706000054&mod=skb

## 뮤직 캠프

조선경제 [위클리비즈] 이수만 SM엔터테인먼트 회장 인터뷰(2011.10.15)
http://biz.chosun.com/site/data/html_dir/2011/10/14/2011101401275.html
텐아시아 "SM엔터테인먼트, 유럽 작곡가들과 퍼블리셔 대상으로 컨퍼런스 개최"(2011.06.13.)
http://tenasia.hankyung.com/archives/8185
OSEN "SM, 중 현지 작곡가. 작사가 위한 컨퍼런스 개최"(2012.01.17)
http://www.ytn.co.kr/_sn/1404_201201171634777278
한겨레 "한국가요 외국인 작곡가 시대 열리나"(2014.01.23)
http://www.hani.co.kr/arti/culture/music/621134.html

## SM이 보유한 수천곡의 음원 데이터베이스

코리아해럴드"K-팝의 글로벌 '무한 확장' 그 중심엔 외국인 작곡가들"(2013.06.13)

http://www.koreaherald.com/common_prog/newsprint.php?ud=20130613000884&dt=2
서울대투자연구회 SMIC 기업분석보고서 SM(2012.04.20)

## SM의 'A&R' 팀

해럴드경제 "K팝 성공뒤엔…SM 'A&R 프로듀싱' 있었다"(2014.01.29)
http://biz.heraldcorp.com/view.php?ud=20140129000250
매일경제 스타투데이 "SM JYP YG 핵심부서"‥A&R을 보면 회사가 보인다 (2013.03.12 )
http://star.mk.co.kr/new/view.php?mc=ST&no=185738&year=2013
씨네21 "SM의 매뉴얼은 독창적 기술이다"SM엔터테인먼트 이성수 실장 인터뷰(2014.02.11)
http://www.cine21.com/news/view/mag_id/75820

## SM의 퍼포먼스 디렉터

그라치아 코리아 2013년 19호 : 대세 그룹, EXO를 만드는 사람들
http://www.grazia.co.kr/article/grazia_view.php?cd=0402&seq=1244
ize 매거진. SM엔터테인먼트 퍼포먼스 디렉터 심재원, 황상훈 인터뷰. (2013.8.13)
http://ize.co.kr/articleView.html?no=2013080815177244672

## SM의 비주얼 디렉터

OSEN [K-POP 제작소] SM의 남다른 '때깔' 만드는 그녀.. '민희진 실장' (2013.09.10)
http://osen.mt.co.kr/article/G1109680114
월간디자인 (2012년 1월호) [2012년 디자이너 15] SM의 비주얼 아이덴터티 생산자 민희진
http://mdesign.design.co.kr/in_magazine/sub.html?at=view&info_id=58384&c_
id=00010001

## EXO의 브랜드 아이덴티티(Brand Identity) 디자인

위클리 오늘 "SM, 세계 3대 디자인상 4관왕 수상"(2014.01.24)
http://www.weeklytoday.com/news/articleView.html?idxno=13967

## SMP로 무장한 데뷔 무대

미디어스 "흔들리는 SM제국, 2003년에도 2013년에도 SM의 보배는 보아" (2013.01.22)
http://www.mediaus.co.kr/news/articleView.html?idxno=31283

## 중화권 공략에 나선 EXO-M의 방송 활동

조선닷컴 "이수만의 중화권 신병기 출격" (2012.03.30)
http://news.chosun.com/site/data/html_dir/2012/03/29/2012032903013.html
스포츠경향 " '한류 품은 中 방송'한국서 다시 본다" (2014.03.05)
http://sports.khan.co.kr/news/sk_index.html?cat=view&art_id=201403050709003&sec_id=540201&pt=nv

## EXO-M은 중국 그룹인가, 한국 그룹인가?

해외 네티즌 반응 커뮤니티 가생이 닷컴
http://www.gasengi.com/main/board.php?bo_table=member_translation&wr_id=113621&sca=CN&w10
音悦V榜2012年4月华语榜单 (内地)HOT10-- 音悦V榜
http://v.yinyuetai.com/video/410442

## EXO-K의 부진한 차트 성적

가온 차트 www.gaonchart.co.kr
멜론 차트 http://www.melon.com/static/cds/chart/web/chartmain_list.html
벅스 차트 http://music.bugs.co.kr/chart/bugs/newrealtime?wl_ref=new2_gnb
M-net 엠카운트다운 차트 http://mnet.interest.me/chart/mcountdown/

## 아이돌 세대 구분 속 EXO

뉴스 토마토 : 다국적 · 멀티 · 소통.. 3세대 아이돌의 조건 셋(2014.05.30)

http://www.newstomato.com/ReadNews.aspx?no=472834
텐아시아 "드림콘서트 20주년① 드림콘서트를 통해 본 역대 아이돌 지형도"(2014.06.04)
http://tenasia.hankyung.com/archives/261453
씨네21 "진화의 끝엔 음악이 있다"(글: 김성윤 / 2014-02-11)
http://www.cine21.com/news/view/mag_id/75821
「아이돌 : H.O.T에서 소녀시대까지, 아이돌 문화 보고서」, 이동연 외 지음, 이매진

## EXO-M/EXO-K/완전체
빌보드코리아 "스케일부터 남달라"EXO VS비투비, 신인그룹 '글로벌 홍보 전쟁' (2012.04.03)
http://www.billboard.co.kr/?c=v&m=v1&idx=26160

## 중국을 겨냥하다
텐아시아 "SM타운, 베이징올림픽주경기장서 월드투어 개최… '해외가수 최초'"(2013.09.13)
http://tenasia.hankyung.com/archives/168672
한국경제 "EXO 앞세워 中공연시장 'K팝 열풍' 일으킬 것"
김영민 SM 대표의 2014 경영비전 (2014.02.03)
http://www.hankyung.com/news/app/newsview.php?aid=2014020289161
증권일보 "SM-중국 공연 시장 확대 수혜"(2013.11.07)
http://www.s-d.kr/news/articleView.html?idxno=1768
신한금융투자 보고서 〈에스엠 : EXO의 차이나 삼중주〉 (2014.03.31)

## 중국 시장 진출의 딜레마
티브이데일리 "EXO 크리스, 중국 대형기획사 위에화와 접촉 '한경과 같은 소속사?'"(2014.05.30.)
http://tvdaily.asiae.co.kr/read.php3?aid=1401434090706454010
동아닷컴 "'썰전' 김희철, EXO 크리스 소송 언급 "전부터 사건•사고 있었다""(2014.05.23)
http://news.donga.com/rel/3/all/20140523/63705542/6
스포츠서울 "'EXO'크리스, 중국감독과 손잡고 작품 활동 돌입"(2014.06.17)

http://www.sportsseoul.com/?c=v&m=n&i=79405
OSEN "달지만 삼키기 힘든 중국 가요 시장"(2014.10.11)
http://www.huffingtonpost.kr/2014/10/11/story_n_5969128.html
미디어스 "엑소 루한 SM 탈퇴, 아시아 최강 SM의 위상이 흔들리고 있다"[블로그와] 자이미의
베드스토리(2014.10.11.)
http://www.mediaus.co.kr/news/articleView.html?idxno=44721
뉴시스 "엑소 타오, 탈퇴설...SM "발전 방향, 모색""(2015.04.23)
http://www.newsis.com/ar_detail/view.html?ar_id=NISX20150423_0013618533&cID=1
0601&pID=10600
enews24 "엑소 레이, 타오 탈퇴설 후 SNS 사진 삭제...타오아버지 SM 탈퇴 요구" (2015.04.25)
http://article.joins.com/news/article/article.asp?total_id=17668199&ctg=1502
SBS CNBC "엑소 루한, 탈퇴 이유 네 가지 알고 봤더니... '충격'" (2014.10.12.)
http://sbscnbc.sbs.co.kr/read.jsp?pmArticleId=10000693028
동아닷컴 "외국인 스타의 전속계약 파기, 한국 기획사는 속수무책?"(2014.10.11.)
http://news.donga.com/View?gid=67080664&date=20141010

## 중국인 멤버발(發) 위기에 대처하는 SM의 자세

Idology "엑소 레이 '워크샵'이 대체 뭐지?" by 오요 (2015.04.09)
http://idology.kr/3986
엑스포츠뉴스"엑소 레이와 SM의 '워크샵', 좋은 선례 될까? [엔터인사이드]" (2015.04.08)
http://www.xportsnews.com/jenter/?ac=article_view&entry_id=571967&_
REFERER=http%3A%2F%2Fwww.xportsnews.com%2Ftw%2F%3Fid%3D571967
뉴시스 "SM, '엑소' 루한 모델로 쓴 중국회사 상대 소송" (2015.05.20)
http://www.newsis.com/ar_detail/view.html?ar_id=NISX20150520_0013675109&cID=1
0203&pID=10200
enews24 "엑소 크리스 루한-SM, 韓법원 강제조정안 제시…中 현지소송은?" (2015.05.18)
http://mnews.joins.com/news/article/Article.aspx?ctg=mobile_19&total_id=17829412
스타뉴스 "루한·크리스 韓소송' SM 이의제기 강제조정 '불발'" (2015.06.05)

http://m.entertain.naver.com/read?oid=108&aid=0002424231

## EXO와 일본 시장

케이팝뉴스 "EXO(EXO), 10만 팬 동원 日 팬미팅 성료 '일본도 EXO'"(2014.04.14)
http://kpopenews.com/4682
웅크린 감자의 리뷰 "EXO-장르의 유사성, 가요계 7대 키워드" (2013.12.19)
http://jamja.tistory.com/4759

## EXO와 비 아시아권 해외 팬들

-스포츠서울 "북미 대세는 EXO, 유럽 대세는 샤이니"(2014.01.23)
http://www.sportsseoul.com/?c=v&m=n&i=52170
스타뉴스 "EXO, '중독' 공개 5일째도 해외아이튠즈 4國 1위+20國 톱100"(2014.05.11)
http://star.mt.co.kr/view/stview.php?no=2014051110563806675&type=1&outlink=1

## 허경영이 말했다 "EXO는 나를 모방한 것일 뿐"

경향신문 "허경영 "EXO, 전부 내 흉내 낸 것…""(2013.11.06)
http://news.khan.co.kr/kh_news/khan_art_view.html?artid=201311061427101&code=960801

## 생명의 나무

ize 매거진 스페셜 : EXO ④ 태초에 생명의 나무가 있었다 (2014.04.15)
http://ize.co.kr/articleView.html?no=2014041319457299841
bnt뉴스 "끝판왕 아이돌 EXO, 만드는 '스토리'로 3세대의 새 막을 열다"(2014.01.06)
http://bntnews.hankyung.com/apps/news?popup=0&nid=04&c1=04&c2=04&c3=00&nkey=201401051538473&mode=sub_view

## 미로 탈출 암호 해독 놀이

텐아시아 "엑소와 엑소엘이 만든 '엑소더스의 해답'" (2015.03.28)
http://tenasia.hankyung.com/archives/480482
ize 매거진 "'Pathcode'는 어떻게 EXO의 초능력을 되찾아주었나" (2015.03.30)
http://www.ize.co.kr/articleView.html?no=2015032921477298542
블로그 열레쉬맨
http://m.blog.naver.com/fjqmfqjqmf/220306935695

## 100만 장이라는 앨범 판매고

텐아시아 "결과론적으로 말해서, EXO의 100만장, 절대 팬덤의 도래" (2013.12.30)
http://tenasia.hankyung.com/archives/196992
미디어오늘 "EXO 100만장 판매? 부끄럽지도 않나?" (김헌식 대중음악평론가 / 2013.12.29)
http://www.mediatoday.co.kr/news/articleView.html?idxno=113988
오마이스타 "EXO의 '음반 판매량 100만장 돌파'가 의미하는 것" (2013.12.27)
http://star.ohmynews.com/NWS_Web/OhmyStar/at_pg.aspx?CNTN_CD=A0001942024

## 〈으르렁〉으로 터지다

케이팝뉴스 "EXO(EXO) 으르렁, 한국대중음악상 '최고의 댄스&일렉트로닉 노래' 수상" (2014.02.28.)
http://kpopenews.com/3830
한국경제 "에스엠, 강세…EXO '으르렁' 빌보드 최고의 K팝 선정" (2013.12.26)
http://www.hankyung.com/news/app/newsview.php?aid=2013122654976
연합뉴스 "'으르렁' 작곡 신혁 "빌보드 꿈 이루니 K팝 열정이…"" (2014.03.03)
http://www.yonhapnews.co.kr/culture/2014/03/01/0901000000AKR201403010531000
05.HTML

## 사생팬인가 사생범인가?

티브이리포트 "[TV줌인] '썰전' 사생팬? '오빠'에게는 더 이상 팬이 아니다" (2013.12.13)
http://www.tvreport.co.kr/cindex.php?c=news&m=newsview&idx=435704

CBS노컷뉴스 "서태지부터 EXO까지…사생팬 다시 부활하나?" (2014.06.26)
http://www.nocutnews.co.kr/news/4048294
경향신문 "JYJ팬, 손톱 기르는 이유가… 충격" (2012.03.25)
http://news.khan.co.kr/kh_news/khan_art_view.html?artid=201203241137581&code=960100
와우스타 "EXO "사생팬 너무 많아 피해의식 생겨" '자제' 호소'" (2013.08.13)
http://wowstar.wowtv.co.kr/news/view.asp?newsid=4725
머니투데이 "사생과 빠순이, 욕하면서 손잡는 '적대적 공생관계'" (2013.11.11)
http://www.mt.co.kr/view/mtview.php?type=1&no=2013110914364619023&outlink=1
해럴드생생뉴스 "궁금한 이야기 y "EXO에게 염산테러 할것'…김여신 사건" (2014.02.28)
http://biz.heraldcorp.com/view.php?ud=20140228001402

## 특급 생일 축하

동아닷컴 2014-05-06 EXO 백현 생일 맞아 팬들 선물로 '백현 숲' 조성
http://news.donga.com/BestClick/3/all/20140506/63278638/1
시사인 2014-04-07 'EXO' 카이 팬클럽의 데뷔 2주년 선물
http://www.sisainlive.com/news/articleView.html?idxno=19890
한국아이닷컴 "시우민팬들, 지하철광고에 1000만원 기부까지…'스케일 엄청나'" (2014.03.26)
http://economy.hankooki.com/lpage/sports/201403/e20140326152923118630.htm

## 팬클럽, EXO의 이름으로 기부에 앞장서다

텐아시아 謬초점, 팬 문화의 변화 : 2030이 간다~! (2014.03.27)
http://tenasia.hankyung.com/archives/233611
뉴스엔 "'오빠의 이름으로..' 아이돌 팬덤, 기부문화 확산의 '좋은 예'" (2010.08.20)
http://article.joins.com/news/article/article.asp?total_id=4398292&ctg=1503
충청투데이 "EXO '디오' 팬들 "오빠생일 위해 삽들었다"" (2014.01.15)
http://www.cctoday.co.kr/news/articleView.html?idxno=813326

뉴스와이어 "EXO 팬카페 '올벗', 수호 생일 맞아 시립서울장애인종합복지관 수중재활센터에 기부"(2014.05.22.)

http://m.newswire.co.kr/newsRead.php?no=751365

에이블뉴스 "EXO 팬카페 '올벗', 세훈 명의로 기부"(2014.04.15)

http://www.ablenews.co.kr/News/NewsContent.aspx?CategoryCode=0052&NewsCode=00522014041510392861592

## 에필로그

스타뉴스 2014-04-23 EXO 루한, 첫 연기 도전..中영화 '중반20세' 캐스팅

http://star.mt.co.kr/stview.php?no=2014042316163458798&type=3

티브이데일리 2014-04-16 EXO 콘서트 매진 1.47초 만에··· 팬들 발 '동동' 취소표 언제 풀리나

http://tvdaily.asiae.co.kr/read.php3?aid=1397651464685809010

한국경제TV 2014-05-07 EXO 중독 뮤비 조회수 '100만' 돌파, EXO 파워 "놀라워"

http://finance.daum.net/rich/news/finance/photo/MD20140507145006967.daum

스타엔 2014-05-07 선주문량만 65만장··· EXO '중독', 연타석 밀리언셀러 탄생하나

http://star.fnnews.com/news/index.html?no=296618

**문화 레전드 시리즈 01**

# EXO 플라네타
진화하는 아이돌 행성 탐사

2015년 8월 19일 초판 1쇄 펴냄

**지은이** 김수수 | **그린이** 찰스장 | **펴낸이** 김재범
**기획** 스토리텔링콘텐츠연구소 | **책임편집** 김형욱 | **아트디렉터** 다랑어스토리
**편집** 정수인, 윤단비 | **관리** 박신영 | **디자인** 박종민
**인쇄·제본** AP프린팅 | **종이** 한솔 PNS | **펴낸곳** (주)아시아
**출판등록** 2006년 1월 27일 | **등록번호** 제406-2006-000004호
**전화** 02-821-5055 | **팩스** 02-821-5057
**주소** 서울시 동작구 서달로 161-1 3층(흑석동 100-16)
**이메일** bookasia@hanmail.net | **홈페이지** www.bookasia.org
**페이스북** www.facebook.com/asiapublishers

**ISBN** 979-11-5662-129-4 04680
       979-11-5662-128-7 (SET)
*값은 뒤표지에 표시되어 있습니다.

이 도서의 국립중앙도서관 출판시도서목록(CIP)은 서지정보유통지원시스템 홈페이지(http://seoji.nl.go.kr)와
국가자료공동목록시스템(http://www.nl.go.kr/kolisnet)에서 이용하실 수 있습니다. (CIP 제어번호 : CIP2015018810)